조선주사
朝鮮主史

조선주사 朝鮮主史

초판 1쇄 발행 2020년 12월 10일
초판 2쇄 발행 2021년 2월 25일
개정판 1쇄 발행 2022년 2월 25일
개정판 2쇄 발행 2022년 7월 12일
개정판 3쇄 발행 2023년 7월 20일

지은이 이상훈, 이완희, 이정원, 홍묘숙
펴낸이 장길수
펴낸곳 지식과감성#
출판등록 제2012-000081호

교정 정은지
디자인 이현
편집 이현
마케팅 정연우

주소 서울시 금천구 벚꽃로298 대륭포스트타워6차 1212호
전화 070-4651-3730~4
팩스 070-4325-7006
이메일 ksbookup@naver.com
홈페이지 www.knsbookup.com

ISBN 979-11-392-1188-7(93910)
값 36,000원

ⓒ 이상훈, 이완희, 이정원, 홍묘숙 2023 Printed in Korea

잘못된 책은 구입하신 곳에서 바꾸어 드립니다.
이 책의 전부 또는 일부 내용을 재사용하려면 사전에 저작권자와 펴낸 곳의 동의를 받아야 합니다.

홈페이지 바로가기

조선주사

朝鮮主史

이상훈, 이완희, 이정원, 홍묘숙 지음

목차

책머리에 - 진조선주사표(進朝鮮主史表) 10

1장 - 국가

1. 빙하 말기 (오한기 소하서, 환인현 환인진)+소빙 1기 (오한기 흥륭와)+소빙 2기 (황고구 신락, 송산구 부하, 오한기 조보구 13
2. 소빙 3기 홍산구 홍산 16
3. 소빙 4기 능원시 우하량 17
4. 소빙 5기 청구국 18
5. 소빙 6기 조선, 요, 순, 우 19
6. 소빙 6기 고인돌 국(國) 21
7. 주(周)-조선〈기자〉-진(晉)〈진조선(晉朝鮮)〉-연(燕)-선비-흉노-진(秦)-한(漢)-조선〈위만〉- 진번조선 22
8. 한(韓) 25
9. 부여(扶餘) 27
    1. 부여(扶餘)(BC230-BC86)
    2. 동부여(東扶餘)(BC86-AD51)
    3. 북부여(北扶餘)(AD51년-AD346년-AD494년)
    4. 송파-부여-김해(AD346년-AD490년-AD660년) 정착
    5. 한족국(韓族國, hungary, Atilla the Hun) (AD370년-453년)
    6. 두막루 부여(AD410-AD726)
10. 진(辰)+읍루〈왜〉+삼한(三韓)〈가야〉+낙랑국 34
    1. 진(辰)(BC230-BC86)
    2. 읍루(挹婁)〈왜〉
    3. 마한(馬韓)(BC230-BC195년-AD10년-AD562년)
    4. 진한(辰韓)(BC222년-BC195년-BC86년-BC57년-138년-562년)
    5. 변한(弁韓)(BC86년-BC39년-AD42년-AD199년-AD562년)
    6. 낙랑국(樂浪國)(BC39-AD54)

11. 삼국(三國)+(전연 왜 가야 탐라) 39
   1. 신라(新羅)
   2. 고구려(高句麗)
   3. 백제(百濟)
   4. 전연(前燕)-가야-왜-탐라-가락국-복건성 동이
      1. 전연(前燕)
      2. 가야
      3. 왜 〈임나가야〉
      4. 탐라(耽羅)
      5. 가락국(駕洛國)
      6. 복건성동이
      7. 일본열도
12. 통일신라(統一新羅) 71
13. 후삼국 {고려, 통일신라, 후백제}+거란+5대 10국 {후량, 후당}+발해 72
14. 발해(渤海) 요(遼) 금(金) 원(元) 74
15. 고려(高麗)(918년-1369년) 76
16. 한반도 고려(高麗)(1369년-1392년) 80
17. 조선(朝鮮) 81
18. 여진(女眞)〈후금, 청(淸)〉 82

2장 – 전쟁터

1. 배달국〈환인현〉-홍산문명〈적봉시 홍산구〉+옥(玉)〈안산시 수암현〉 전쟁 86
2. 조선(朝鮮)-연(燕)〈소왕〉〈진개〉 전쟁 87
3. 조선(朝鮮)〈준왕〉-한(漢)〈위만〉 찬탈 88
4. 조선(朝鮮)〈우거왕〉-한(漢)〈무제〉 전쟁 88
5. 고구려〈주몽〉 건국 전쟁 90
6. 백제(온조)-〈말갈〉〈낙랑〉 침략 91
7. 백제(온조왕)-마한 3년 전쟁 92
8. 신라〈계림〉〈탈해이사금〉 - 백제〈다루왕〉 와산성 전투 93
   8.1 신라 (파사이사금) - 금관국 (수로왕) 마두성 전투
   8.2 신라 (지마이사금) - 금관국 수로왕 황산하 전투

            8.3 신라 (지미이사금) - 말갈
            8.4 신라 (아달라이사금)-백제 초고왕 한수(漢水) 전투
    9. 고구려(동천왕)-위(조방) 97
            9.1 고구려(산산왕) 계수 - 발기 내란 〈공손탁〉
            9.2 고구려(동천왕) - 위(조방)〈관구검〉 환도산성 전투
            9.3 고구려(동천왕) - 위(조방)〈왕기〉 남옥저 전투
    10. 고구려(미천왕)-{낙랑+대방} 정복 99
    11. 고구려(고국원왕)-전연(모용황) 환도산성 전투 100
    12. 근초고왕-{왜 가라 탐라〈대만〉} 정복 101
    13. 백제(근초고왕)-고구려(고국원왕) 동황성 전투 102
    14. 고구려(소수림왕)-백제(근초고왕) 수곡성 전투 103
    15. 고구려(소수림왕)-백제(근구수왕) 국내성 전투 104
    16. 고구려(광개토태왕)-다물 정복 105
    17. 고구려(광개토태왕)-백제(아신왕) 한성 전투 106
    18. 고구려(광개토태왕)-왜 신라성 회복 107
    19. 고구려(광개토태왕)-동부여 여성(餘城) 토벌 108
    20. 고구려(장수왕)-백제(개로왕) 한성 전투 109
    21. 백제(동성왕)-북위(효문왕) 전쟁 110
    22. 고구려(영양왕)〈온달〉-신라(진평왕) 아단성 전투 111
    23. 고구려(영양왕)-수(문제) 살수 전투 112
    24. 고구려(보장왕)-당나라(태종) 제1차 전쟁 113
    25. {신라(무열왕)〈김유신〉+당(고종)〈소정방〉}-백제(의자왕) 전쟁 115
    26. 고구려(보장왕)-당(고종) 장안성 전투〈해상 침공〉 116
    27. 당+신라 - 백제 부흥군 + 왜 백강구 전투 117
    28. 고구려(보장왕)-{당(고종)+신라(문무왕)} 전쟁 118
    29. 신라(문무왕)-당(고종) 매소성 전투 119
    30. {당(헌종)+신라(헌덕왕)}-제나라(이사도) 운주전투 120
    31. 고려〈왕건〉-후백제〈견훤〉 전쟁
        {나주 전투+공산 전투+고창 전투+대우도 전투+해산성 전투} 120
    32. 요(성종)-〈발해〉〈후당〉〈후진〉〈북송〉 전쟁
        고려(성종)〈서희〉-요(성종)〈소손녕〉 강동 6주 획득

고려(현종)〈강조〉-요(성종) 통주 전투
　　고려(현종)〈강감찬〉-요(성종)〈소배압〉 귀주 전투
　　고려(예종)〈윤관〉-여진 전쟁〈동북 9성〉
　　금(金)-〈요(遼)〉〈북송〉〈남송〉 전쟁　127
33. 고려(고종)-몽골(오고타이 칸) 전쟁
　　몽골(오고타이 칸)〈수부 타이〉-금(애종) 개봉 전투　134
34. 고려(고종)-원(몽케) 전쟁〈쌍성총관부 설치〉　135
35. 고려(원종)-원(쿠빌라이칸) 불개토풍
　　원(쿠빌라이 칸)-남송(단종) 임안 전투　136
36. 고려(충렬왕)-원(세조)〈동녕, 탐라 총관부〉 수복　138
37. 고려(충선왕)-원(무종)〈심양왕〉　138
38. {고려(공민왕)+원(순제)}-홍건군〈화주, 사주〉전쟁　139
39. {고려(공민왕)-원(순제)} 전쟁〈쌍성총관부 수복〉　140
40. 고려(공민왕)-홍건군 전쟁〈서경 탈환〉　141
41. 고려(공민왕)-홍건군(주원장) 전쟁〈개경 탈환〉　142
42. 고려(공민왕)〈이성계〉-원(순제)〈나하추〉 전쟁　143
43. 고려(공민왕)-원(순제) 전쟁〈동녕부 진압〉　144
44. 조선(우왕)〈이성계〉-명(주원장) 위화도회군　145
45. 조선(세종)〈최윤덕〉〈김종서〉-여진 전쟁〈간도 토벌〉　146
46. 명(만력)-후금(누르하치)　　　사르후 전투
　　조선(광해)-후금(누르하치)　　부차〈환인〉 전투
　　청〈홍타이지〉-내몽골　　　　차하르 전투
　　청〈홍타이지〉-조선(인조)　　남한산성 전투
　　청〈순치제〉-명(의종)〈이자성〉 산해관 전투　147

3장 - 역사 쟁점

1. 동이와 서이　150
2. 부여(夫餘)와 예　150
3. 막북(漠北), 흉노, 조선, 홍산문명의 연관성　150

4. 진(辰)과 진한(辰韓) 151
5. 한(漢)나라와 한(韓)나라 151
6. 한자(漢字)는 한자(韓字)인가? 152
7. 고구려 주몽이 산서와 하북을 단기간에 지배할 수 있었던 이유는? 152
8. 유리왕이 고주몽 아들인가? 152
9. BC86년이 동부여(東夫餘) 건국 연도인 이유는? 153
10. 서안(西安) 이전의 최초 안(安)은 어디인가? 153
11. 남옥저(南沃沮)는 하택시다 154
12. 모용외와 조선공(朝鮮公) 154
13. 북부여(北夫餘) 헌왕이 백제 근초고왕인가?? 154
14. 하나라는 조선의 제후국이다 155
15. 백제 일식 기록이 왜 북경으로 나오는가? 155
16. 발해문자와 선비문자 156
17. 371년 고국원왕 평양(동황성) 전투 중 사망과
    375년 근초고왕 수곡성 전투 중 상해 사망 156
18. 부여 매라성(邁羅城)은 백제 담로(擔魯)이다 156
19. 고구려 국내성이 어디인가? 157
20. 산릉(山陵)에 광개토태왕 비석 토대석이 있을까? 157
21. 광개토태왕 비문의 한(韓)과 예(濊) 위치 157
22. 탈해이사금은 고주몽 아들이다 158
23. 내물 마립간(356년-402년) 때 언어가 바뀐다 158
24. 태산봉선(泰山封禪)에 참여한 국가들 159
25. 월성(月城)이 신라 도읍인가? 160
26. 무왕(武王)이 사비성(제녕시 연주구(兗州区))에 있으면서
    한반도 익산에 별도를 만들었는가? 160
27. 서북병마사와 동북병마사의 변천 161
28. 단단대령(單單大領) 161
29. 진번(眞番)과 진번(镇番) 161
30. 부여 유민이 아틸라의 hun족인가 162
31. 동방왕조 기사의 호궤(胡跪) 162

32. 바이킹 투구와 고구려 투구의 유사성 162
33. 〈진〉이 국가명인 나라는 여진의 나라이다 163
34. 우왕후의 산상왕 선택으로 고구려가 200년간 보통국가가 된다 163
35. 모용황의 미천왕 시신 탈취가 한(韓)반도에 끼친 영향은? 164
36. 장수왕이 북위와 백제의 요동전쟁을 지켜만 본 까닭은? 164
37. 평양이란 지명은 어디서 유래하는가? 165
38. 이성계가 태어난 남경(南京) 알동천호소는 어딘가? 165
39. 장족(壯族)은 백제 유민이다 165
40. 쌍성총관부(雙城摠管府)는 고려영토이다 166
41. 조선-부여-숙신은 모습이 같았을까? 167

4장 - 패수-진장성-한 4군-황하〈살수〉

1. 패수(浿水) 170
2. 진(秦)장성〈720km〉 173
3. 하서4군 173
4. 한(漢) 4군 174
5. 진(秦)과 한(漢)이 생각하는 중국 영토 175
6. 진(秦)나라와 한(漢)나라의 방어 개념 176
7. 황하〈살수〉 177

5장 - 국가 순환

책머리에

진조선주사표(進朝鮮主史表)

명나라가 북경을 함락시키자 원나라는 상도(上都)로, 고려는 한반도 개성(開城)으로 천도한다.

국사 편찬위원회의 한국사 교과서는 김부식의 삼국사기를 한강을 중심으로 북에는 고구려, 남동에는 신라, 그리고 남서에는 백제가 있어 일어난 역사라고 편찬한다.

옥저(沃沮)는 함경도 산(山)에, 강동(江東) 6주는 평안북도에 있다고 편찬하지만, 옥저(沃沮) 〈물 댈 옥(沃)〉 〈막을 저(沮)〉는 물 관리가 필요한 지역이니 평지이고 평안북도에는 강동(江東)이란 표현에 맞는 남북으로 흐르는 강이 없다.

삼국유사에 고기(古記)를 인용하여 조선은 〈삼위태백(三危太伯), 신단(神檀) 나무, 신시(神市)〉에 있다고 기록하고, 삼국사기 표(表)에 해동삼국사(海東三國史)라고 기록하고, 중국사서는 조선은 해동(海東) 또는 하동(河東)이라고 기록한다. 산해경에 해(海) 동쪽 안과 해(海) 북쪽 모퉁이에 있는 국가가 조선이라고 기록한다.

진 장성, 살수, 삼국의 수도, 삼국의 전쟁터, 당나라와 고구려 전쟁터, 거란과 고려의 전쟁터, 강동 6주의 위치, 후삼국 전쟁터를 검색으로 찾아 담아서 책을 발간한다.

2023년 5월 5일

1장

국가

그린랜드 빙하로 소빙기를 보면 BC6200년, BC5200년경, BC4500년경, BC3200년경, BC2700년경, BC2333년경, BC2070년경, 800년경, 1700년경이다.

만주에서 발굴되는 거주 유적을 보면 BC7000 〈오한기 소하서〉, BC6200-BC5200 〈오한기 흥륭와〉, BC5200-BC5000 〈송산구 부하〉, BC5000년 〈황고구 신락〉, BC5000-BC4400 〈오한기 조보구〉, BC4500-BC3000 〈내몽골 홍산〉, BC3000-BC2000 〈오한기 소하연〉, BC2000-BC1500 〈오한기 맹극하〉 등 주로 오한기 지역임을 알 수 있다.

소빙기 연대와 거주 유적이 만들어진 연대를 교차 비교해 보면 유적이 만들어진 시기와 소빙기가 일치하는 것을 볼 수 있다.
이로써 소빙기 때 많은 이주가 있었음을 알 수 있다.

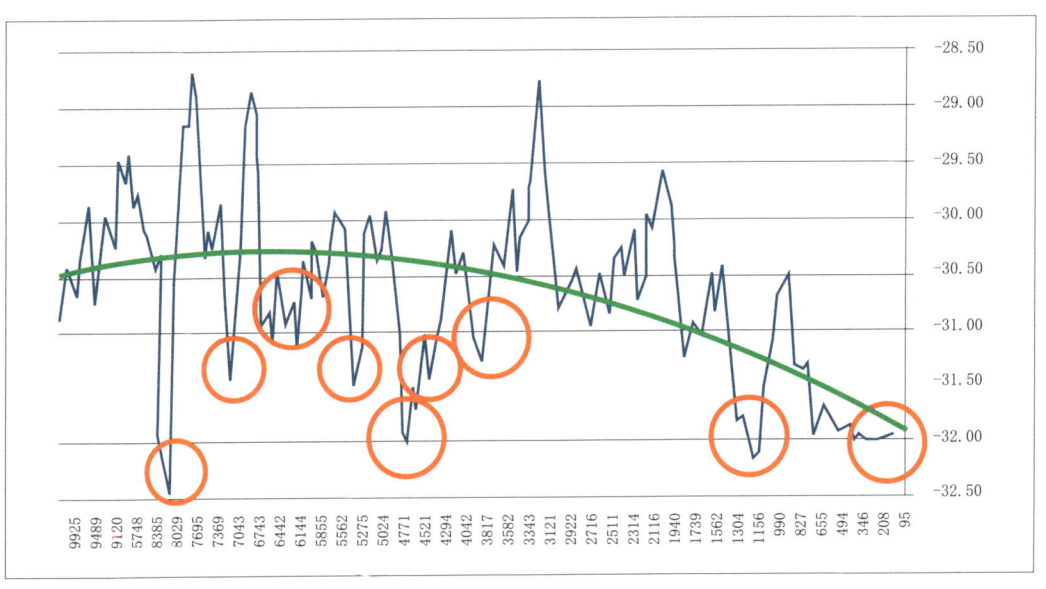

1950년 기준

숲의 이동

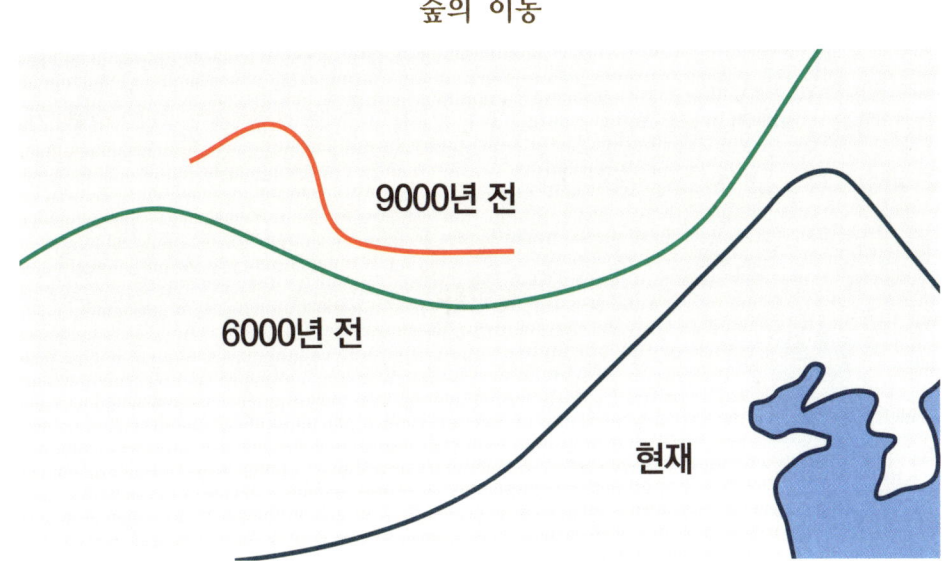

BC7000년경에는 몽골까지 숲이었다.
BC4000년경에는 내몽골이 숲이었다.
BC4000년경 이후 어느 시기에 사막화가 된 것으로 볼수 있다. 이 시기를 BC3200년경 전체 북반구의 재난 시기로 추정해 볼 수 있다. 현재는 내몽골과 몽골이 사막과 초원지대이다.

1. 빙하 말기 {오한기 소하서, 환인현 환인진}+소빙 1기 {오한기 흥륭와}+소빙 2기 {황고구 신락, 송산구 부하, 오한기 조보구}

BC7000년에 극심한 추위를 피해 몽골인들이 대흥안령(大興安嶺)을 넘어가서 시라무렌강 남쪽과 요하(遼河) 동쪽으로 둘러싸인 숲으로 이주한다.
나이만은 〈내몽고 자치구 통요시(通辽市) 나만기(奈曼旗)〉에 정착한다.
부리야트는 송화강 상류 눈강(嫩江)의 목초지인 제제합이시(齊齊哈爾市) 부유현(富裕縣)〉에 정착한다.

오한기 소하서

BC7000년경 〈케레이트〉〈타타르〉는 〈내몽고 자치구 적봉시(赤峰市) 오한기(敖汉旗) 소하서문화(小河西文化) 유적〉에 정착한다.

환인현

BC7000년경 메리키트(Merkit)와 바이칼호수 주변 몽골인들은 심양 남쪽으로 이주한다. 〈요녕성(遼寧省) 본계시(本溪市) 환인만족자치현(桓仁满族自治县) 환인진(桓仁镇)〉에 정착한다.

오한기 흥륭와

BC6200년경-BC5400년경 〈오한기(敖汉旗) 흥륭와문화(興隆窪文化)〉에 유적이 있다.

황고구 신락-오한기 조보구

BC5200년-BC4400년경 〈황고구(皇姑区) 신락유적(新樂遺跡, 송산구 부하 문화, 오한기 조보구(趙宝溝) 문화유적〉이 있다.

서요하(西遼河) - 적봉시 오한기 - 심양 황고구 - 환인

1. 소하서 2. 흥륭와興隆窪文化 3. 조보구趙寶溝文化 4. 홍산 5. 우하량 6. 소하연

2. 소빙 3기〈온난기〉 홍산구 홍산

홍산문명

소빙 3기는 온난기로 분류하기도 한다.

〈신강(新疆) 화전지구(和田地区) 화전시(和田市) 옥룡객십진(玉龙喀什镇)〉의 거주민들이 숲이 점차 사라지자 옥문관(玉門關)〈옥문도위(玉門都尉)〉을 통해 3300km를 이동하여 숲이 있는 요하강 서쪽으로 옥(玉)을 가지고 와서 〈적봉시(赤峰市) 홍산구(红山区) 홍산〉과 〈적봉시(赤峰市) 옹우특기(翁牛特旗)〉에 정착하여 옥기를 생산한다.

수암옥(岫岩玉)〈요녕성(遼寧省) 안산시(鞍山市) 수암만족자치현(岫岩满族自治县) 수암진(岫岩镇)〉이 발견됨으로써 이를 사용하여 옥기(玉器) 홍산문명(BC4500-BC2900)을 일으킨다. 옥룡객십진(玉龙喀什镇)이란 이름으로 볼 때 옥룡(玉龙)은 화전에서 만들어진 이후 적봉에서 만들어진 것으로도 볼 수 있다. BC4000년 〈전남 여수시(麗水市) 남면(南面) 안도리(安島里)〉에서도 옥(玉) 장신구가 발견된다.

배달국

BC3897년 환웅이 3,000명을 거느리고 환인현(桓因县)을 출발하여 〈요녕성(遼寧省) 안산시(鞍山市) 수암만족자치현(岫岩满族自治县) 수암옥(岫岩玉)〉과 〈적봉시(赤峰市) 홍산구(红山区) 홍산〉을 정복 후 배달국을 건국한다.

거란

코가 매부리코이고 얼굴은 동양인이고 이런 생김새는 한국인 얼굴의 특징 중 하나이다. 하투샤의 히타이트인의 얼굴이다. 대청광여도(大淸廣輿圖)에 거란(契丹)은 〈동호이고 선비이다〉 시대별로 〈귀방, 험윤, 흉노, 돌궐이다.〉라고 기재되어 있다.

맥(貊)

메르키트가 맥(貊)이다. 몽골에서 오는 다른 이주자들도 역시 맥으로 통칭한다. 곰족이다. 하북(河北) 지방에 정착하는 자들이다. 또한, 말갈과 숙신도 여진이지만 맥으로 분류된다.

예(濊)

하서회랑을 통해서 오든지 내몽골에서 오든지 산서(山西)에 정착하면 호랑이 족이다. 이들을 예(濊)인이라고 한다.

3. 소빙 4기 능원시 우하량

신시

우하량유적(牛河梁遺跡)〈요령성 조양시(朝陽市) 능원시(凌源市) 묘후촌(廟後村)〉에서 거대한 제단과 여신묘(女神廟)가 발굴된다. BC3600년경의 적석총과 여신묘(女神廟)가 있고 BC3500년경의 대형 석조 건물과 제단, 석관묘, 옥기가 출토된다. 이곳이 신시(神市)다.

4. 소빙 5기 청구국

청구국

청구국이 조양곡(朝陽谷)에 있다고 하는데 이는 배달국〈조양시(朝陽市) 능원시(凌源市)〉의 위치와 같다.
치우(蚩尤)가 려(黎)족과 함께 청구국(靑丘國)을 구(丘)〈택낙랑홀(宅樂浪忽)〉에 건국하여 산동성 동이와 강서성(江西省) 묘족(苗族)을 이끈다.

치우(蚩尤)

환웅이 풍백(風伯), 우사(雨師), 운사(雲師)를 거느리고 하강한다.
치우(蚩尤)는 〈배달국 자오지환웅(慈烏支桓雄)(BC2707년-BC2598년)(?)〉이라고 한다.
치우는 청구국 천자(天子)이다 〈蚩尤古天子〉〈사기집해〉

헌원(軒轅)

헌원(軒轅)(BC2717년 - BC2599년)이 제(祭)를 지낸 제단(祭壇)이 왕옥산(王屋山)〈하남성 제원시 왕옥진(王屋鎮)〉에 있고 활동지역은 황하변 사구(沙丘)〈하남성 구(丘)〉 이다. 헌원(軒轅) 황제의 직위는 운(雲)이고 사(師)라는 직책을 부여받아 운사(雲師)가 된다. 〈昔者黃帝氏以雲紀 故爲雲師而雲名〉〈춘추좌전〉

오한기 소하연

동석병용시대(銅石倂用時代) BC3000년~BC2000년 〈오한기 소하연촌(小河沿村)〉에서 일부 동(銅)을 사용한 시기다.

삼황

BC2700년경 〈태호 복희씨(太皞伏羲氏)〉〈황제헌원씨(黃帝軒轅氏)〉〈염제신농씨(炎帝神農氏)〉이다.

추국

BC2700년경부터 〈제제합이 부유현(富裕縣)〉에서 출발하여 산동성으로 이동해 추(鄒)나라를 건국하고 추성(鄒城)〈제녕시(濟寧市) 추성시(鄒城市)〉을 만든다.
이들을 부유(浮游, 鳧臾)라고 한다.

임국(臨國)

BC2700년경 숙신이 산동으로 이주하여 래성(萊城)〈산동성 래무시(萊蕪市) 래성구(萊城區)〉을 구축한다. 임읍(临邑)〈덕주시(德州市) 임읍현(临邑县) 临邑镇〉이 있다.

5. 소빙 6기 조선, 요, 순, 우

오한기 맹극하

BC2200년-BC1600년 초기 청동기시대 〈오한기 맹극하(孟克河) 하가점하층문화(夏家店下層文化)〉 유적이 있다.

1장 국가

조선(朝鮮)

당시 옥기는 적봉과 돈황을 연결하는 옥문관을 통해 유통되었고, 경제 활동이 동서로 활발하였음을 명도전 분포를 통해서 알 수 있다.

BC2333년 왕검(王儉)이 석묘고성(石峁古城)〈섬서성(陝西省) 유림시(榆林市) 신목시(神木市)〉에서 조선을 건국한 후 곤륜산과 기린산 그리고 바이칼 호수 인근에서 출토된 옥으로 옥기를 생산 유통한다. 옥문관을 기준으로 할 때 적봉보다 2000리 거리가 단축된다.
500년이 지나 평양성(平壤城)〈산서성(山西省) 여량시(呂梁市) 분양(汾阳)〉으로 천도한다.

순(舜)〈흉노〉을 요(堯)의 평양성〈임분(临汾)〉에 보내 잡아 가둔 사실을 삼국유사(三國遺事)에서 단군(檀君)왕검은 요(堯)가 즉위한 지 50년이 되는 해에 평양성(平壤城)에 도읍하고 조선(朝鮮)을 건국한다고 기록한다.

조선국은 황하 동쪽 안과 황하 북쪽 모퉁이에 있다〈동해지내(東海之內) 북해지우(北海之隅) 유국명왈조선(有國名曰朝鮮)〉〈산해경〉
신목시(神木市)〈태백산 신단(神檀) 나무 아래에서 조선을 건국하였다. 이곳이 신시(神市)다〉〈삼국유사, 고기(古記)〉
삼위태백(三危太伯)〈감숙성(甘肅省) 주천시(酒泉市)) 돈황시(敦煌市) 삼위산(三危山)〉

조선의 제후 요(堯)-순(舜)-우(禹)

제출호진(帝出乎震)〈진(震)이 제(帝)를 임명한다〉〈진(震)은 동방(東方)을 뜻하는데 요녕성에 위치한 천자국(天子國)〈배달국, 조선〉을 말한다.〉〈진〉을 차용한 국가가 많아진다. 산융(山狨)은 조선이다.

조선〈신목시(神木市)〉이 요-순-우를 제(帝)에 봉(封)한다.

요(堯)(BC 2286년경 ~ BC 2193년경)는 처음 당(唐)에 봉(封)해 졌다가 뒤에 진양(晉陽)〈태원(太原)〉에 봉(封)해진다. 평양(平陽)〈임분(临汾) 요도구(尧都区)〉에서 제위(帝位)에 오른다. 〈堯始封于唐, 後徒晉陽, 卽帝位都平陽〉

순(舜)(BC 2180년경 ~ BC 2146년경)은 평양(平陽)에서 요(堯)를 가둔 후 〈舜囚堯於平陽, 取之帝位〉 우(虞) 지역에 봉(封)해지고 포판(蒲坂)〈운성시(运城市) 포현(蒲县) 포성진(蒲城镇)〉에서 제위(帝位)에 오른다. 〈舜始封于虞 帝位都蒲坂〉

우(禹)(BC2100 -BC 2000) 는 하(夏) 지역에 봉해진다. 선(禪)을 행하고 평양(平陽)에 머문다. 안읍(安邑)〈산서성 운성시(运城市) 염호구(盐湖区)〉으로 간다. 〈禹封於夏, 受禪之後都平陽, 又徒安邑〉

6. 소빙 6기 고인돌 국(國)
고인돌 국(國)

BC2500년경부터 유럽에서 만주와 한반도에 들어온 자들이 고인돌을 만든다. 이들 유럽인이 세대가 바뀌면서 매부리코에 장대한 부여인으로 진화한다. 한반도에 대략 4만기가 만들어진다. 한강 변 양수리에 있는 고인돌 연대가 BC2235년경이다.

역현(易縣)

BC1600년경 상나라 왕해(王亥)와 상갑미(上甲微)가 하백(河伯)의 군사를 빌려와 유역족(有易族)을 공격한다. 연나라 진개가 BC280년경 조선의 역현(易縣)을 공격한후 도읍으로 한다. 조선의 북부 상업 중심도시이다. 명도전을 발행하여 옥기를 유통한다. (고)조선의 마고유적에서도 명도전이 발굴된다.
진(秦)이 연(燕)을 공격한후 이곳 주민들을 장성을 쌓기위해 운성시(运城市)〈낙랑군〉로 끌고 간다.

7. 주(周)-조선〈기자〉-진(晉)〈진조선(晉朝鮮)〉-연(燕)-선비-흉노-진(秦)-한(漢)-조선〈위만〉- 진번조선

주(周)

하(夏) 멸망 후 유민들이 〈섬서성(陝西省) 보계시(宝鸡市) 기산현(岐山县) 위수(渭水)〉로 이동하여 세력을 키운 후 무왕이 BC1046년 상(商)을 멸망시키고 주(周)를 건국한 후 제후들을 각지에 봉(封)한다. BC771년 견융(犬戎)이 주(周)를 공격해 유왕(幽王)을 죽이자 주(周)가 낙읍으로 수도를 옮겨 동주(東周)가 된다.

조선 〈기자〉

진중시 유사현(榆社县) 기성진(箕城鎭)이 기자성이다

BC1046년 기자가 요서(遼西) 영지 조선에 봉(封) 해진다. 조선성(朝鮮城)이 수양산(首陽山)에 있다. 제원시(济源市)에 왕옥산(王屋山)이 있다. 종산 백간수가 있는 추량(溴梁)에서 춘추 제후가 모여서 회의를 한다. 其源有三其一源出自原城西北琮山訓掌谷口俗呼爲白澗水, 春秋會諸侯于溴梁…

진(晉)〈진조선(晉朝鮮)〉

BC1046년 진(晉)이 운성시(运城市) 강현(绛县)에 건국 한다. 진(秦)이 곡식을 보낸 기록이 있다. 진(晉)의 도성 위치를 볼 때 진(晉)과 기자조선은 영역을 겹치면서 양분한다. 진(晉)을 진조선(晉朝鮮)이라고 할수 있다.

BC1046년 건국한 후 BC403년 한, 조, 위 3개국으로 분리된다.

조선 영역 〈기자조선, 진〉〈한, 조, 위〉

신목시 - 황하- 분하- 태원- 분양〈평양〉-임분〈평양〉-포판-안읍-강현(绛县)-심수- 태항산맥 -황하

연(燕)

상(商)나라 건국 시조 설(契) 탄생 신화가 제비와 연관 있고 국가명 연(燕)은 뜻이 제비이니 상(商)을 이어간 것임을 국가명으로 나타낸다. 연(燕)에 부여인을 뜻하는 부(夫)를 붙여 부연(夫燕)이라고도 표기한다.
〈부연역발갈지간, 夫燕亦勃碣之間〉〈북인오환부여, 北鄰烏桓夫餘〉〈사기 화식열전〉

선비

BC300년경 진개가 동호를 1,000리 밀어내자 〈내몽고자치구(內蒙古自治區) 후른베이얼시(呼倫貝爾市) 하이라얼구(海拉尔区)〉로 이동하여 선비(鮮卑)가 된다.

흉노

BC300년경 진개가 조선을 공격한다. 일부 유민들이 〈내몽고자치구(內蒙古自治區) 포두시(包头市)〈녹성(鹿城)〉으로 이동하여 흉노(匈奴)가 된다.

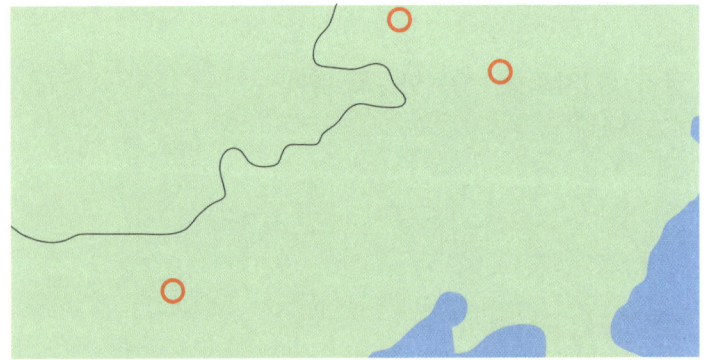

포두시〈흉노〉 – 후둔베이얼시〈선비〉 – 치치하얼시〈부여〉

진(秦)

진(秦)나라가 BC230년 한나라, BC226년 연나라, BC225년 위나라, BC223년 초나라, BC222년 조나라, BC221년 제나라 정복으로 중국을 통일한다.

한(漢)

BC202년 유방이 한(漢)을 건국한다. 국가명 한(韓)을 차용하고 국가 인재를 한(韓)에서 채용하여 한(韓)나라 복식과 문자가 한(漢)으로 유입된다.

조선 〈위만〉

위만이 BC195년 조선〈기자〉왕위를 찬탈한다. 조선의 준왕은 해(海)를 건너가 마한을 건국한다.

진번조선(眞番朝鮮)

진번조선(眞番朝鮮) 조선현(朝鮮縣)이 하남성(河南省) 초작시(焦作市)에 있다.

8. 한(韓)

BC403년 진(晉)이 3개국으로 분리되면서 한(韓)이 임분(臨汾)〈임분시(臨汾市), 곡옥현(曲沃縣), 익성현(翼城縣)〉에서 건국하고 황하 서쪽 변에 한성(韓城)〈섬서성(陝西省) 위남시(渭南市) 한성시(韓城市)〉을 축성한다.

BC375년 정(鄭)을 멸망시키고 수도를 임분(臨汾)에서 〈정주시(鄭州市) 신정시(新鄭市)〉로 이전한다.

정(鄭)(BC806-BC375) 나라 영토는 북쪽은 황하가 경계이고 남쪽은 뇌주반도(雷州半島〈광동성(廣東省) 잠강시(湛江市) 뇌주시(雷州市)〉가 경계이다. 뇌(雷)는 발음이 〈레이〉다. 해남성(海南省)에는 여족자치현(黎族自治縣)과 여족묘족자치현(黎族苗族自治縣)이 있다 광서장족자치구(廣西壯族自治區)〈계림시(桂林市) 전주현(全州縣)〉도 접해있다. 이들 영토 중 어디까지를 한(韓)이 차지했는지는 알 수는 없다.

BC230년 진(秦)에게 패망한다.

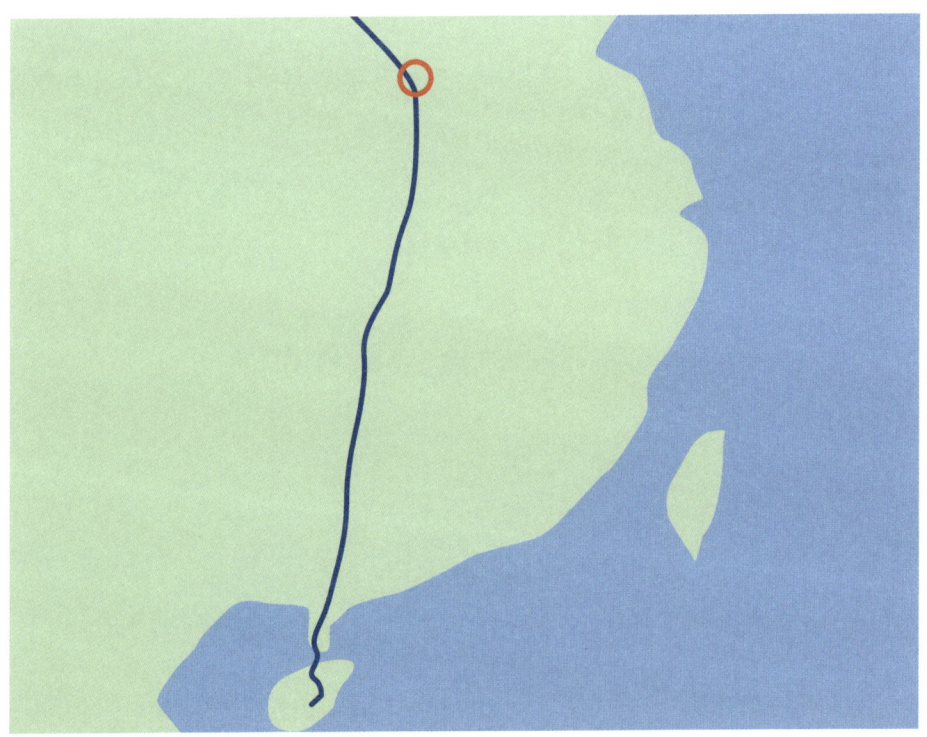

신정 - 광서장족자치구 - 뇌주반도 - 해남성 정나라 영토 폭은(?)

9. 부여(扶餘)

1. 부여(扶餘)(BC230-BC86)

동명(東明)

추(鄒)나라에 거주하던 동이 부유(鳧臾) 중 일부가 하택시로 이동하여 조선 유민과 합류하여 려(黎)를 주요 구성원으로 하여 부여(扶餘)〈하택시(菏泽市) 동명현(东明县)〉를 건국한다.

BC86년 한 무제가 투국(秺國)〈하택시 성무현〉 인근에 있는 동명(東明)의 부여(扶餘) 군사 세력을 몰아낸 후 김일제를 투후(秺侯)로 임명한다.

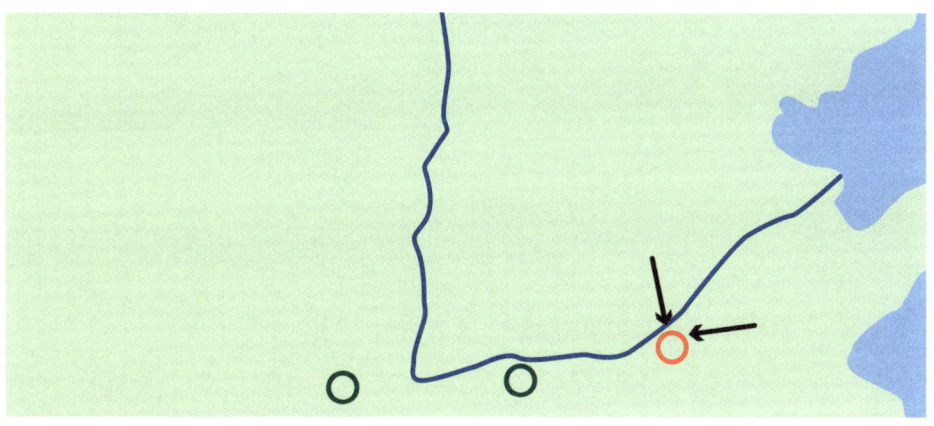

산동 추성시〈부유〉 - 동명〈조선 유민〉   ○ 〈서안, 낙양〉

2. 동부여(東扶餘)(BC86-AD51)

여성(黎城)

부여〈하택시 동명현〉를 떠나 황하를 북으로 건너서 여성(黎城)으로 이동 중에 진번군, 임둔군, 현도군을 공격한다. 〈장치시(長治市) 여성현(黎城县) 여후진(黎侯镇)〉으로 가서 동부여를 건국한다.

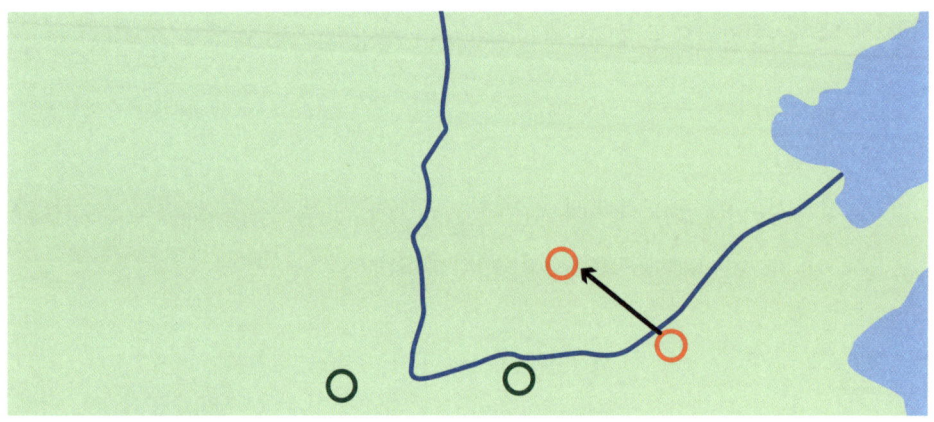

동명(东明) - 여성(黎城)

동부여

AD22년 고구려 대무신왕이 동부여(東扶餘)를 공격하여 왕을 시해한다.
AD51년 대무신왕이 〈해부루, 금와, 대소, 고야〉 4대의 동부여를 멸하니 동부여 47국 모두가 고구려 땅이 되었다.

여족

부여(扶餘)인이 여족(黎族)이다. 여족(黎族)은 이족(夷族)을 대표하는 표현이다. 구이(九夷)는 구려(九黎)이다.

예읍

예읍은 청장수와 탁장수 사이에 있다. 여성(黎城) 위치와 예읍(濊邑) 위치가 같은 곳임을 알 수 있다.

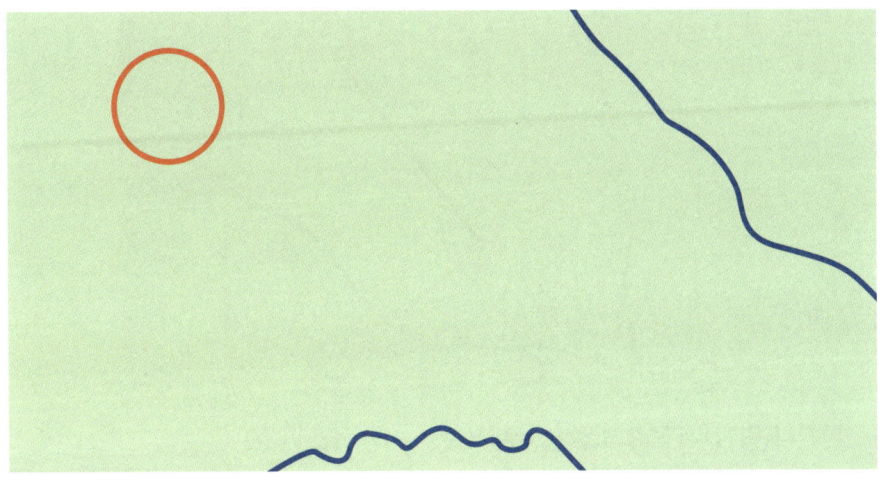

여성〈예읍〉 – 청장수 – 탁장수

3. 북부여(北扶餘)(AD51년-AD346년-AD494년)

부여성

AD51년 동부여가 멸망하자 북으로 이주하여 〈북경시(北京市) 통주구(通州区) 노성진(潞城镇)〉에 부여성을 쌓고 북부여(北夫餘)를 건국한다.
AD285년에 선비족 모용외가 부여를 습격하여 10,000명을 잡아간다.

AD346년 전연 모용황이 부여를 공격하여 현왕과 50,000명을 잡아간다.

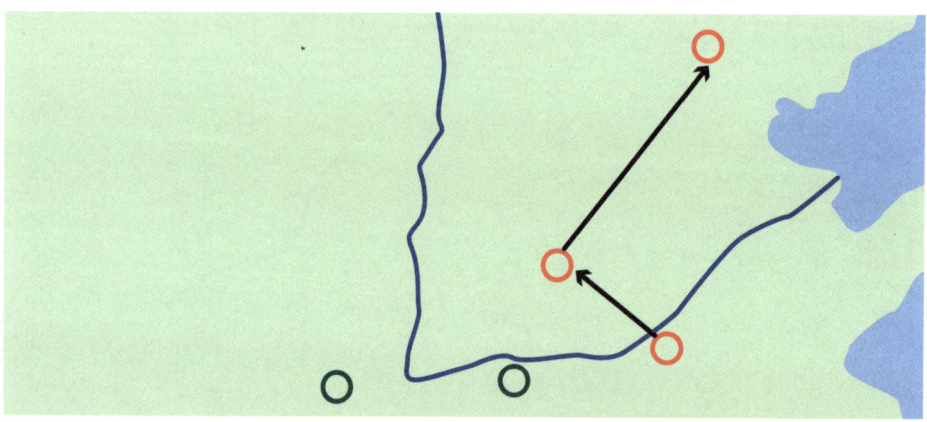

하택시〈동명현〉 - 장치시〈여성〉 - 북경 조양시〈부여성〉   O〈서안, 낙양〉

4. 송파-부여-김해 (AD346년- AD490년 -AD660년) 정착

송파-부여-김해

AD346년 북부여 멸망 후 유민들이 한반도 송파〈풍납토성과 몽촌토성〉와 충남 부여군과 김해에 정착한다.

부여인 기마상

5. 한족국(韓族國, hungary, Atilla the Hun) (AD370년-453년)

한족(韓族)(huns) 국(國)

AD346년 부리야트 부여인들이 부유현(富裕縣)〈흑룡강성 제제합이시〉으로 돌아간 후 일부는 정착하고 몽골 바이칼호 부리야트(Buryatiya)로 가서 다시 서방으로 이동하여 AD370년에 볼가강에 도착한다. 동고트와 서고트를 공격하자 AD376년 서고트가 로마로 몰려간다. 항가리에 한족(韓族)(Huns) 국(國)〈AD370년-453년〉〈Atilla the Hun〉을 건국한다.

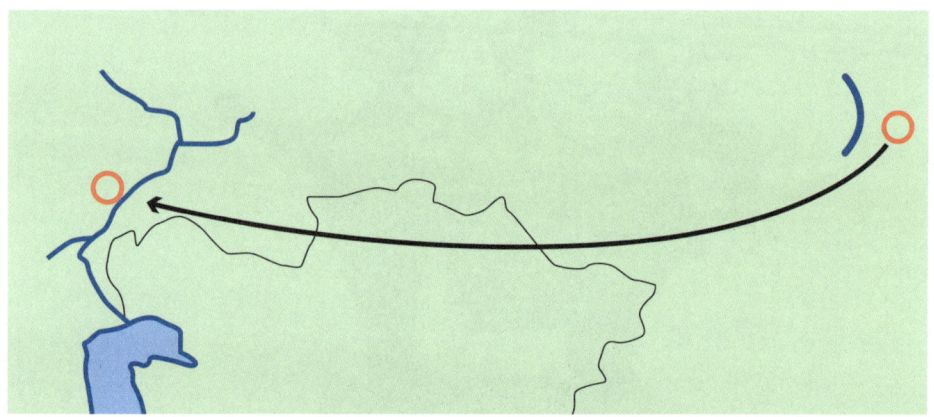

〈부리야트〉 - 볼가강〈카스피해〉〈4200km〉

6. 두막루 부여(AD410-AD726)

두막루(豆莫婁)(AD410년-AD726년)

AD410년 〈흑룡강성(黑龍江省) 제제합이시(齊齊哈爾市) 부유현(富裕縣)〉에서 〈길림성(吉林省) 송원시(松原市) 부여시(扶余市)〉로 이동하여 두막루(豆莫婁)를 건국한다.

AD486년 대막로국(大莫盧國)이 북위에 사신을 보내 조공한 기록
AD724년 당나라기록 대수령 낙개제(諾皆諸)가 조공한 기록
AD726년 발해 무왕에게 정복당한다.

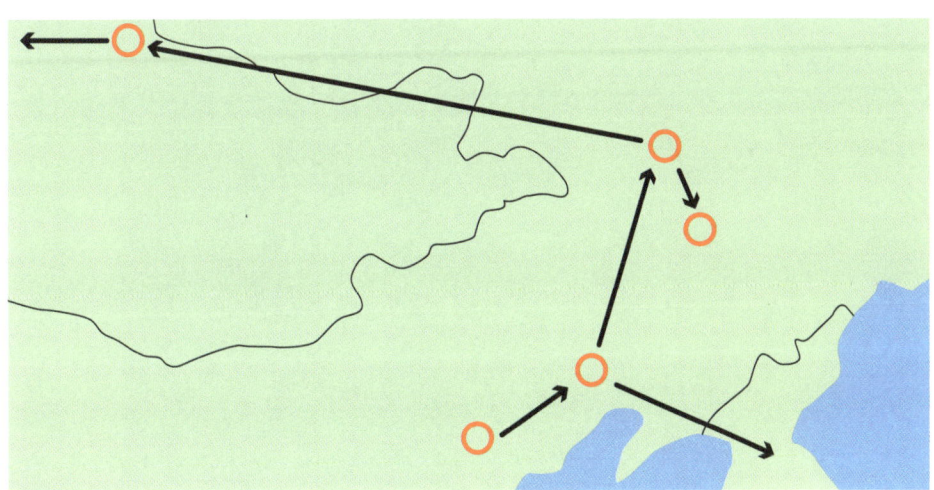

{북부여〈부여성〉- 조양 - 부유현 - 바이칼 호수〈부리야트〉- 볼가강},
{두막루〈길림성 송원시 부여시〉}, {한반도〈송파, 부여, 김해〉}

10. 진(辰)+읍루〈왜〉+삼한(三韓)〈가야〉+낙랑국

1. 진(辰)(BC230-BC86)

연(燕) 진개의 조선 침공 후에 많은 조선유민이 발생하였고 뒤이어 진(秦)에 의해 한나라, 조나라, 연나라가 멸망하고 연(燕) 나라 주민을 강제로 낙랑으로 이주시킨다. 또 유민이 발생하고 10,000호(戶) 단위의 소국 78개가 생긴다.

탁수(涿水)〈보정시(保定市) 탁주시(涿州市)〉가 흐르는 곳에 거주하던 주민들이 이주하여 진(辰)〈석가장시(石家庄市) 진주시(晉州市)〉을 건국한다.

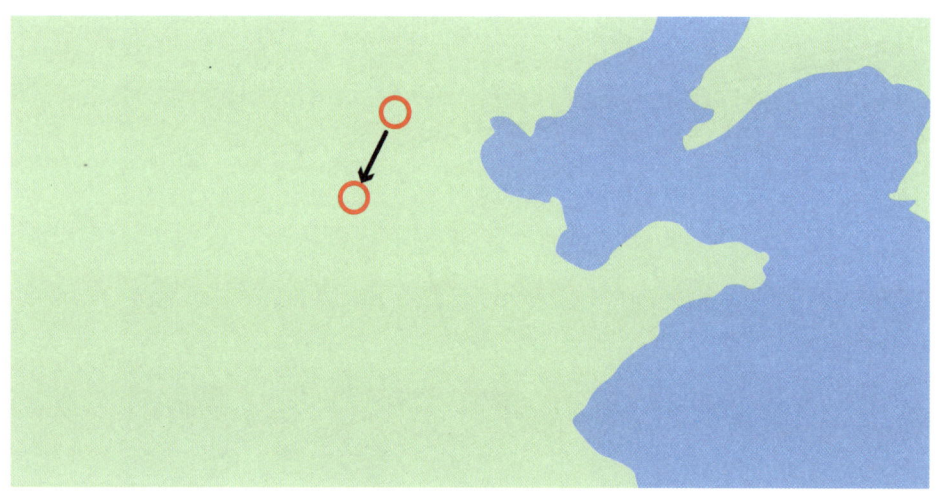

탁주〈보정시 탁주시〉 - 진주〈석가장시 진주시〉

2. 읍루(挹婁)〈왜〉

읍루(挹婁)〈왜〉〈석가장시(石家庄市) 정정현(正定县) 정정진(正定镇)〉 남쪽을 흐르는 호타하(滹沱河) 인접국이 북옥저(北沃沮)〈석가장시(石家庄市) 장안구(长安区)〉〈치구루(置溝婁)〉(南與北沃沮接)다.

읍루(挹婁)〈왜(倭)〉가 배를 타고 호타하에서 북옥저를 노략질했다.

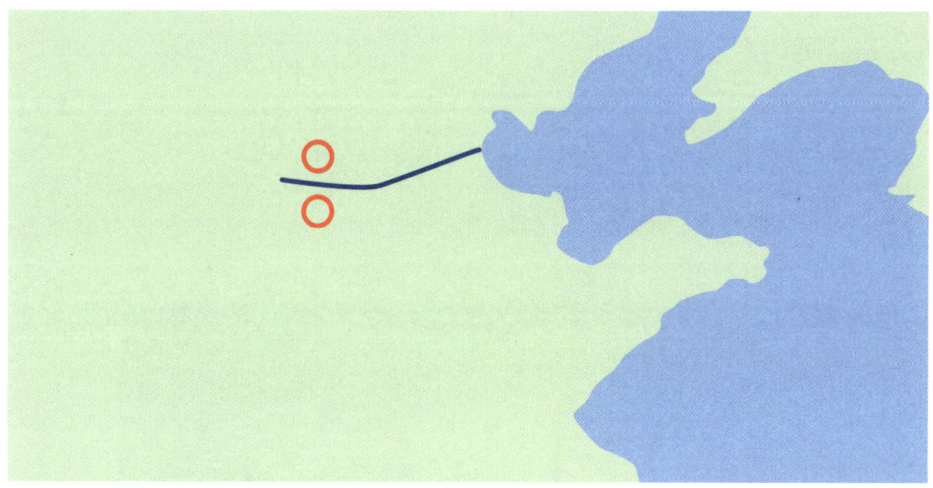

읍루〈왜〉 - 호타하(滹沱河) - 북옥저

3. 마한(馬韓)(BC230-BC195년-AD10년-AD562년)

BC230년 한(韓)이 멸망한후 마한(馬韓)이 신정(新鄭)〈정주시(鄭州市) 신정현(新鄭顯)〉에서 건국한다

BC195년 조선〈기자〉의 준왕(準王)이 위만에 왕위를 찬탈당하자 황하를 건너 사방 4,000리 마한(馬韓)연맹의 신정시(新鄭市)를 공파(攻破)하고 스스로 한왕(韓王)이 된다. 〈攻馬韓 破之 自立爲韓王〉

AD10년 백제에게 멸망후 복건성으로 이주하여 마한을 이어 간다.
AD562년 신라에게 멸망한후 한반도 남부로 이주한다.

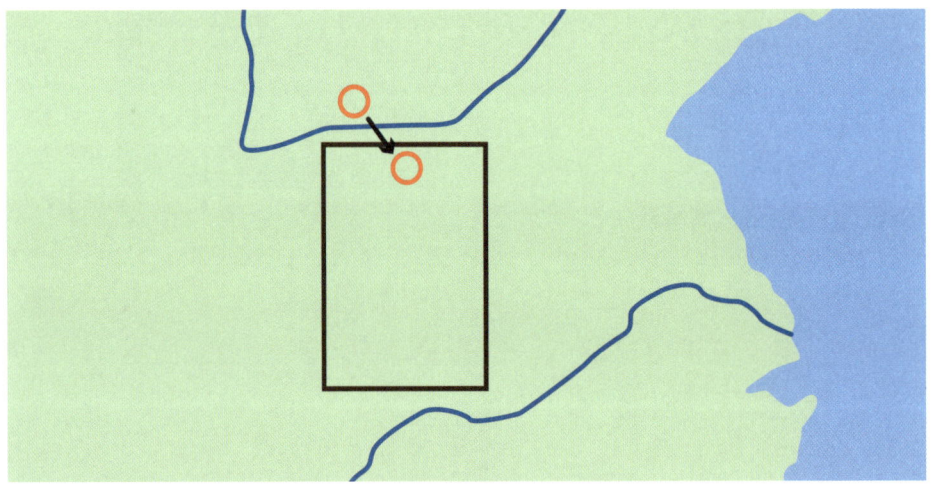

황하-양자강 마한 사방 4000리 54개국 영역(?)

4. 진한(辰韓)(BC222년-BC195년-BC86년-BC57년-138년-562년)

진(秦)에게 연나라가 멸망(BC222년)후에 유민이 남하해서 마한(馬韓)의 동쪽 하택 지역에 진한(辰韓)을 건국한다 조선이 위만에게 찬탈 당한후에 참여 유민이 더 많아지고 12개의 각기 10,000호로 구성된 연맹체를 이룬다. BC57년에 신라에 흡수된후 일부는 황하를 따라 혹은 〈복건성 용암〉인근으로 이주한다. 신라가 진한을 따라 용암으로 이주한다.

한(漢)나라 138년에 〈용암(龍岩) 신라현(新罗县)〉 기록을 남긴다.

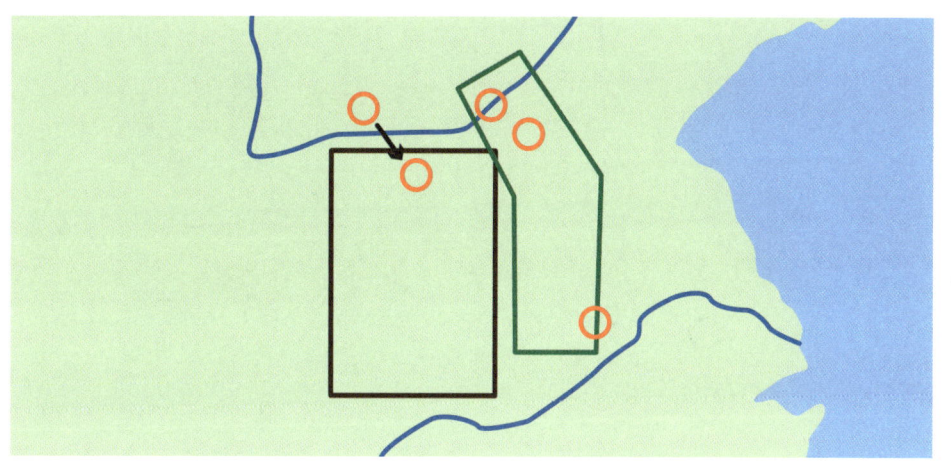

황하 - 마한 - 진한〈하택시〉 - 변한〈하택시 북쪽〉 - 낙랑국〈변한 지역〉 - 합비 - 양자강

5. 변한(弁韓)(BC86년-BC39-AD42년-AD199년-AD562년)

BC86년 부여가 〈하택시 동명〉을 떠나가고 남아 있는 유민들이 만든 국가가 변한 12개 부족 국가이다. BC39년 신라에 흡수된후 가락국(駕洛國) 김수로왕(金首露王)(AD42년-AD199년)이 등장한다. 〈변한, 가야, 왜〉는 변한이다. 일부는 가야로 남아 신라와 수많은 영토 전쟁을 한다. 일부는 복건성으로 이주하여 변진한 24개국 가야를 만든다.

6. 낙랑국(樂浪國)(BC39-AD54)

BC39년 변한이 신라에 복속된 후에 그곳에 남아 있는 자들이 만든 국가가 낙랑국이다. 남옥저 지역이다.

AD44년 후한 광무제가 낙랑국을 정복하고 군현으로 삼아 살수(薩水) 이남의 땅이 후한에 속하게 되었다. AD47년 낙랑국 도읍 옥저를 공격하니 남옥저로 도망갔다. AD54년 대무신왕의 호동왕자가 낙랑국을 다시 빼앗고 죽령군이라고 했다.

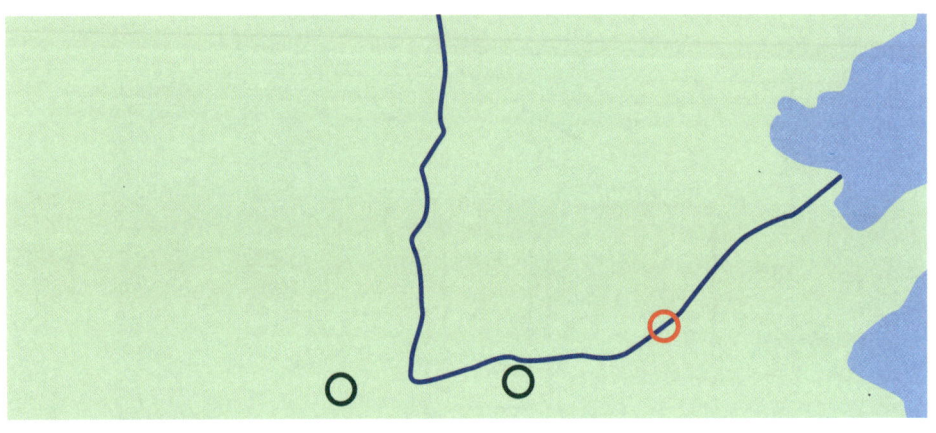

하택시 〈하택지역〉　　○〈서안, 낙양〉

11. 삼국(三國)+{전연 왜 가야 탐라}

1. 신라(新羅)

금성(金城)

한 무제가 김일제를 BC86년 〈하택(荷澤)시 성무현(成武顯)〉에 있는 투국(秺國)에 투후(秺侯)로 봉한다. 김상(-BC42)이 투후일 때 무위시(武威市)에서 50,000명이 〈하택시 성무현〉으로 이주한다. BC57년 박혁거세가 13세에 즉위 거서간(居西干)이라 하고 국호를 서라벌이라 하였다. BC53년 비로 알영을 맞이한다. 이성(二聖) 시대가 된다. BC32년 투성(秺城)〈하택(荷澤)시 성무현(成武顯) 성무진(成武鎭)〉에 금성(金城)을 세운다.

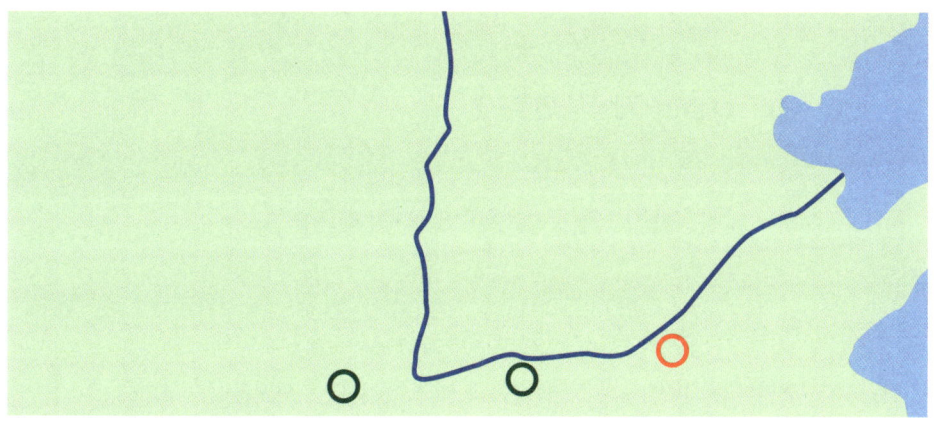

하택시 성무현　○ 〈서안, 낙양〉

항성(項城)

신라가 합비에서 당나라 낙양으로 가기 위해 항성 〈하남성 주구시(周口市) 항성시(項城市)〉을 지날 때 백제 군사가 막아 낙양으로 갈 수가 없었다는 기록이 있다. 신라와 백제와 당나라가 황하 남부를 삼 등분 했음을 알 수 있는 기록이다.

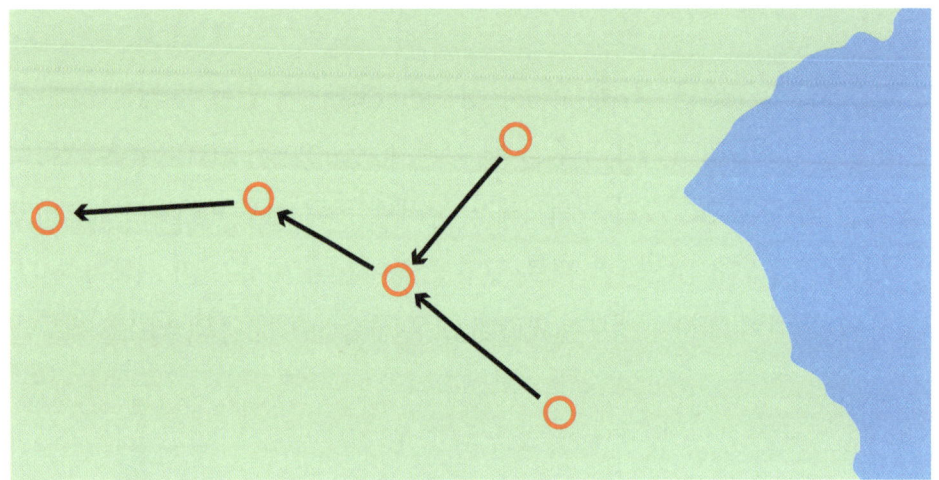

서안 – 낙양 – 항성 – 합비 – 사비성〈제녕시 연주구〉

합비(合肥) 〈경주(慶州)〉 〈노주(盧州)〉

신라의 도읍위치가 항성 남쪽임을 알 수 있다.

신라도읍이 당시에 경주(慶州)〈안휘성(安徽省) 합비시(合肥市) 여양구(庐阳区)〉이다. 여(庐)를 노(庐)로 읽는다. 여양구(庐阳区)가 노양구(庐阳区)이고 노주(盧州)이다. 노주(盧州)가 경주(慶州)라고 대청광여도(大淸廣輿圖)에 설명되어 있다.

계림(鷄林)

AD65년 김알지가 계림에 나타나자 탈해이사금은 국호를 시림(始林)에서 계림(鷄林)으로 변경한다.

신라가 성무현에서 시림(始林)으로 시작하고, AD65년에 합비로 수도를 옮겨서 계림으로 국호를 변경한 것인지, 아니면 처음부터 합비에서 국가가 시림(始林)으로 시작되었고 김알지가 나타나자 계림(鷄林)으로 변경된 것인지는 잘 알 수가 없다.

신라수도는 여러 곳이지만 역사적으로 언제적 수도인지가 분명하지가 않다.

용암(龍岩)

〈복건성(福建省) 용암시(龍岩市) 신라구(新罗区)〉가 신라성이다.

구례산(久禮山)

신라성(新罗城) 인근 구례산을 중심으로 〈신라(新羅), 안라(安羅), 탁순(卓淳)〉이 인접한다. 신라가 탁순을 흡수할 것을 안라가 염려했다. 〈장주시(漳州市), 하문시(厦门市), 천주시(泉州市), 복주시(福州市), 보전시(莆田市)〉가 〈안라, 탁순, 가야, 왜〉이다.

용암시 - 구례산 〈신라, 안라, 탁순〉 - 가야〈장주시, 하문시, 천주〉 - 탐라

신라 이동경로

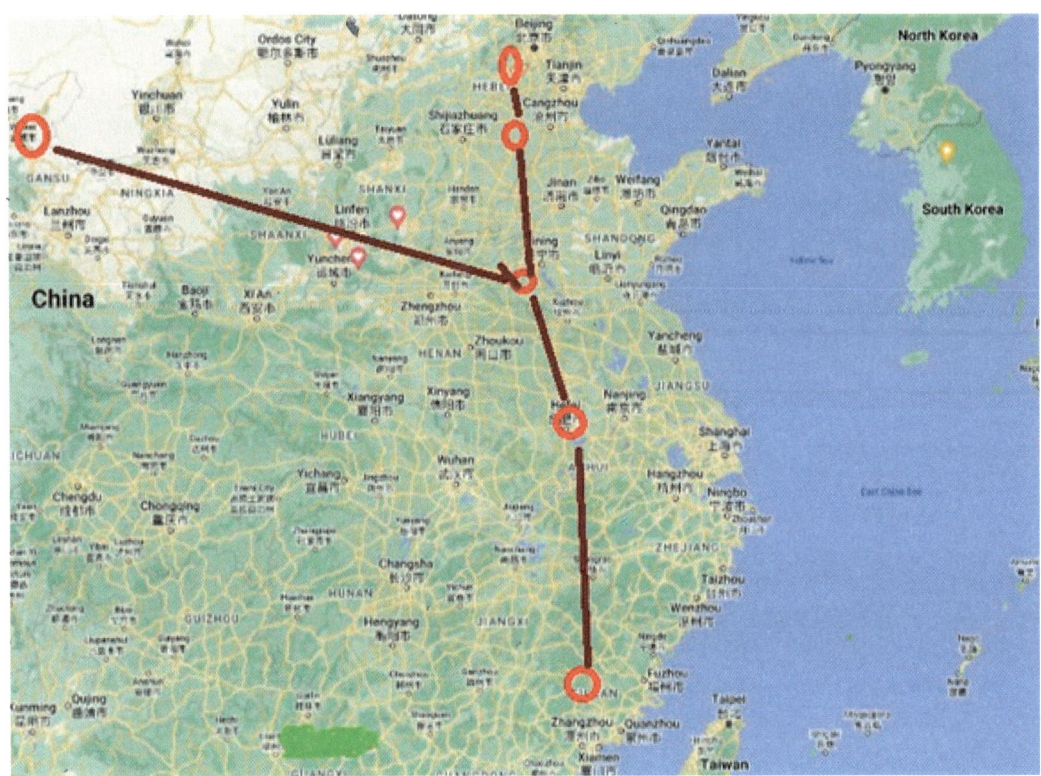

무위 → 성무현

탁주 → 진주〈진(辰)〉 → 성무현 → 합비시 → 용암시

2. 고구려(高句麗)

옥저(沃沮)

한무제가 진번군(眞番郡)과 임둔군(臨屯郡)을 폐지한 후 이 지역이 옥저(沃沮)가 된다.

현도(玄菟) 〈당 태종 전쟁〉

주몽이 동부여〈장치시(长治市) 여성현(黎城县)〉를 탈출하여 현도〈형태시 영진현(宁晋县) 봉황진(鳳凰鎭)〉에서 말갈인들을 몰아내고 고구려를 건국한다. 옥저(沃沮)가 북옥저, 남옥저, 옥저로 분리된다. 당 태종이 유성시(聊城市)를 출발하여 공격한 현도성이 이곳이다.

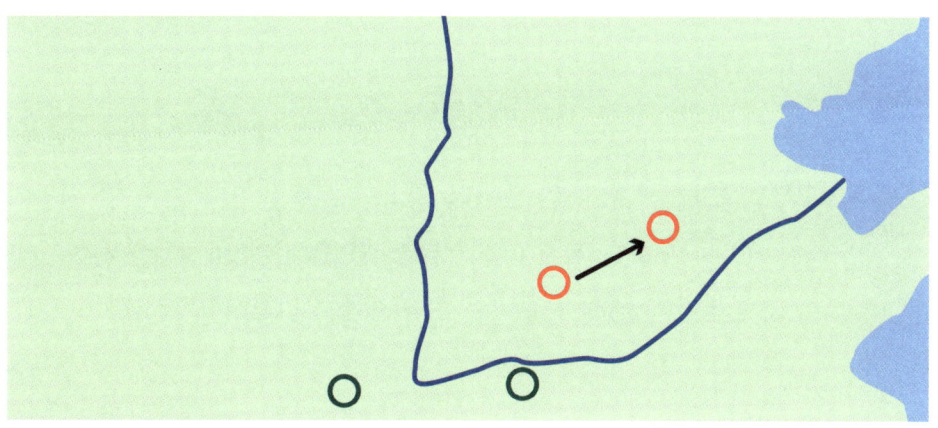

장치시 여성 – 현도 　　O〈서안, 낙양〉

현도(玄菟)-2

현도군을 북 〈석가장시(石家庄市) 고읍현(高邑县), 후성, 형수시(衡水市) 요양현(饶阳县)〉으로 이동하여 다시 설치한다.

국내성(國內城)

〈산서성(山西省) 진중시(晉中市) 평요현(平遙顯) 평요고성(平遙古城)〉이 고주몽이 BC28년 축성한 서도 국내성(國內城)이다.
광개토태왕 때까지 300년간 고구려 도읍이다.

환도산성(丸都山城)

분양(汾陽)〈산서성(山西省) 여량(呂梁)시 분양(汾陽)시〉이 환도산성이다. 산상왕 때 198년 산성을 쌓고 209년 이곳으로 도읍을 옮겼다.

집안성(集安城)

모용외와 모용황이 무덤을 훼손 시킨 후 고구려 왕가의 무덤을 안전한 곳에 만들어 보호하고자 집안(集安)이라 이름하고 동구고묘군(洞溝古墓群)〈길림성(吉林省) 통화시(通化市) 집안시(集安市) 청석진(靑石鎭)〉에 돌무지무덤·방무덤을 만들어 보호한다.

평양〈대동강변〉

고인돌과 청동기 분포가 많은 지역이고 고구려 무덤벽화가 많다. 고대부터 읍성 역할을 했을 것이나 국가명이 뚜렷하지는 않다. 유사시 도성으로 사용하기 위해 고구려가 읍성 규모로 축성한 것으로 보인다.

동황성(东黄城)

고국원왕이 모용황과의 전쟁으로 환도산성이 파괴되자 분양(汾陽)〈환도산성〉에서 343년 가을 동황성(東黃城)〈城在今西京東木覓山中〉〈형수시(衡水市) 안평현(安平縣) 동황성향(东黄城乡)〉으로 천도한다. 근초고왕은 371년 10월에 군사 3만을 이끌고 평양〈동황성〉을 공격하여 고국원왕을 살해한다.

평양(平阳)

임분〈산서성(山西省) 임분시(临汾市)〉이다. 요나라, 하나라, 한(韓)나라가 도읍으로 사용했다. 고구려 동천왕이 잠시 사용했었고 427년 장수왕이 이곳으로 도읍을 옮긴다.

장안성(長安城)

AD586년 평원왕이 임분(临汾)〈평양〉에서 장안성〈석가장시(石家庄市) 장안구(长安区)〉으로 도읍을 옮긴다.

평양하(平壤河)

보장왕 19년 660년 7월 고구려 평양하(平壤河)의 물이 3일 동안 핏빛(血色)으로 물들었다. 〈平壤河水血色〉

호타하(滹沱河, hutuo river) - 석가장시(石家庄市) - 평양하(滏阳河, Fuyang River)

요동성 〈수양제 공격〉

612년 수양제의 명에 의해 우문술은 부여도(扶餘道)〈하택시(菏澤市) 동명현(東明縣)〉로 진군한 후 요동성을 우회하여 살수〈해(海)〉를 건너 평양〈석가장시 장안구〉공격을 시도하지만, 을지문덕에 의해 살수에서 패퇴한다. 살수와 요수 사이에서 요동성을 찾아보면 고성(故城)〈형수시 고성현(故城顯)〉으로 추정해 볼 수 있다.

고구려 도읍도(都邑圖)

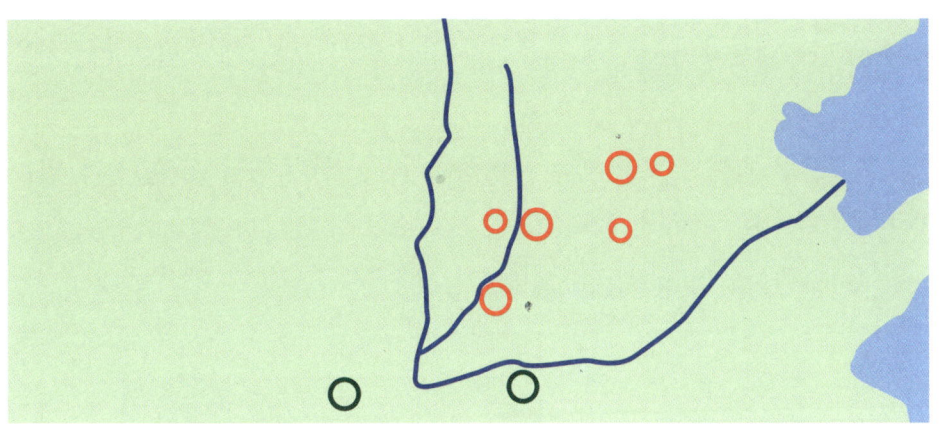

임분 – 평요 – 분양 – 형태시 – 석가장시 – 동황성   ○〈서안, 낙양〉

5부, 176성, 69만여 호 동서 6000리이다.

평양〈동도〉〈봉황성〉〈형태시 영진현 봉황진〉

평양〈서도〉〈진중시 평요고성(平遙古城)〉〈국내성〉

평양〈북도〉〈북옥저〉〈석가장시 장안구〉

209년 산상왕 평양〈여량(呂梁)시 분양(汾陽)시〉〈환도산성〉

247년 동천왕 평양〈임분(临汾) 시 요도구(尧都区)〉

342년 고국원왕 평양〈여량(呂梁)시 분양(汾陽) 시〉〈환도산성〉

343년 고국원왕 평양〈동황성〉〈형수시 안평현 동황성향(东黄城乡)〉

371년 소수림왕 평양〈진중시 평요현 평요고성(平遙古城)〉〈국내성〉

427년 장수왕 평양〈임분시 요도구(尧都区)〉

586년 평원왕 평양〈석가장시 장안구(長安區)〉〈장안성〉

668년 보장왕 평양〈석가장시 장안구(長安區)〉〈장안성〉

천리장성(千里長城)

부여성에서 황하까지 영류왕 631년에 축조하기 시작해서 보장왕 646년 천리장성을 완성하였다.

평양〈장안성〉 기준으로 하여 동북에 있는 부여성에서 시작하여 동남 海〈황하〉에 있는 비사성까지 1,100리이다.

〈王動衆築長城 東北自扶餘城 東南至海千有餘里.〉

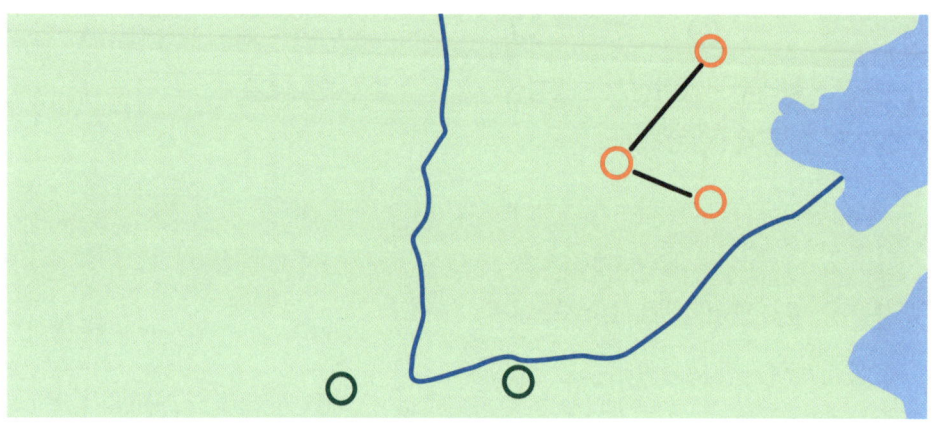

부여성 - 평양〈장안성〉 - 덕주〈비사성〉 440km(1,100리)   ○〈서안, 낙양〉

능안고성

천리장성의 북쪽 끝이 능원고성이다. 〈조양(朝阳)시 능원(凌源)시〉이다.

부여성

667년 설인귀가 신성을 점령한 후 주변의 만류에도 속전속결 전략으로 부여성 공격을 감행한다. 신성 주변에는 지도에 순천부(順天府)가 있다. 668년 부여성이 주변 40개 성과 함께 당에 함락되었다. 신성과 부여성은 이웃에 위치하기에 부여성(扶餘城)을 〈북경시(北京市) 통주구(通州区) 로성진(潞城镇)〉으로 볼 수 있다.

신성(新城) 〈천리장성〉 〈당 고종 전쟁〉

667년 당 고종이 신성〈보정시 고비점시(高碑店市) 신성(新城)진〉을 주변 16성과 함께 정복한다.

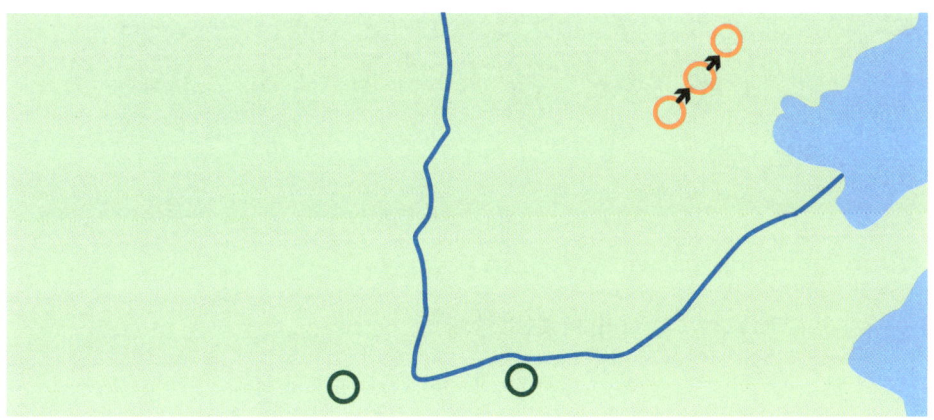

보정시 – 신성 – 부여성〈북경〉   ○ 〈서안, 낙양〉

건안성(建安城)

631년 〈형태시 광종현(广宗县)〉에 건안성(建安城)을 세운다.
645년 영주 도독 장검이 이민족으로 편성된 군사를 거느리고 선봉이 되어 요수의 남쪽 하구를 건너 건안성을 공격한다. 당군의 공격을 물리친다.
676년에 당나라가 웅진도독부를 건안성으로 옮겼다.

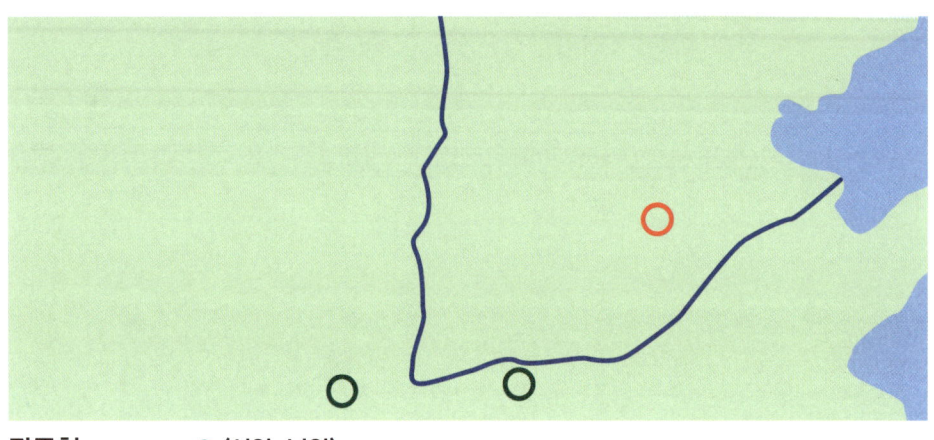

비사성(卑沙城)

고구려-당 전쟁을 보면 비사성 신성 개모성이 가까이 있음을 알 수 있다. 형태시 동쪽이 비사성이다. 그래서 덕주시 인근으로 볼 수 있다.

개모성

BC37년 주몽이 최초로 축성한 도읍이 동도 개모성이다. 645년 5월 이세적과 도종이 개모성을 쳐서 빼앗고 개모성을 개주(蓋州)로 한다.

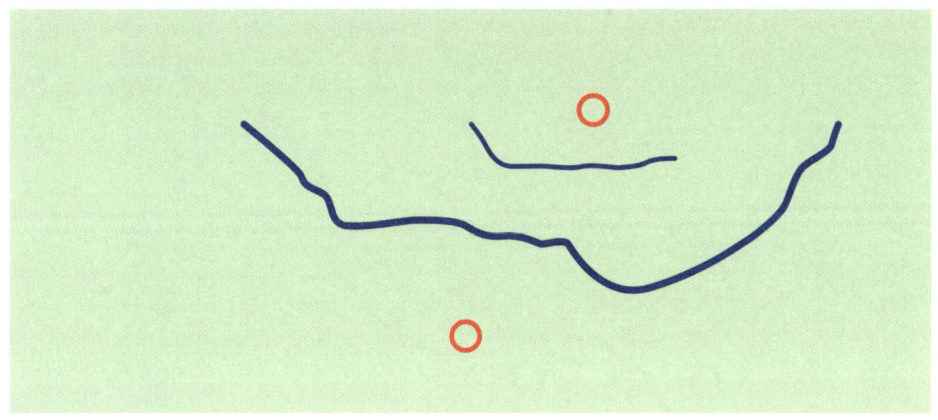

〈개모성 – 신성〉

신성(新城) 〈당 태종〉

당 태종이 공격한 신성은 〈형태시 사하시(沙河市) 신성(新城)진〉이다.

요동성 〈당 태종 공격〉

645년 5월 17일 당 태종이 요동성〈진중시(晉中市) 좌권현(左权顯) 요양진(辽阳镇)〉을 점령한 후에 유사현(榆社顯)과 좌권현(左权顯)을 함께 요주(遼州)로 개칭한다.

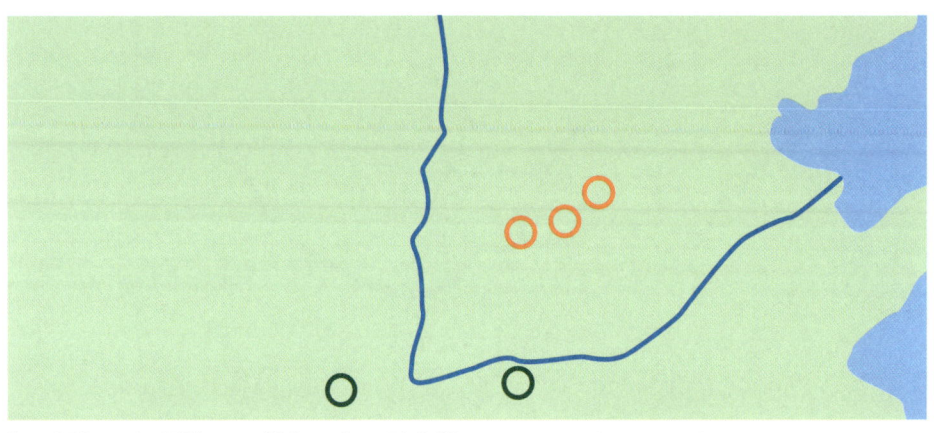

{유사현 - 좌권현(요동성)}〈요주〉- 화순현   O 〈서안, 낙양〉

백암성

당 태종이 645년 5월 남쪽의 백암성(白巖城) 〈한단시 섭현(涉县) 백암〉을 공격하고 645년 6월 1일에 백암성(白巖城)을 점령하였다.
당 태종이 암주(巖州)로 명명한다.

당산(唐山)

〈형태시 융요현(隆尧县) 고성진(固城鎮)〉을 당산(唐山)으로 볼 수 있다.

봉황성(鳳凰城)

당산(唐山)에서 동북 70리에 봉황성(鳳凰城)〈형태시 영진 현(宁晋县)〉이 있다. 고구려 동도이다.

안시성(安市城)

안시성(安市城)은 〈석가장시 고성구(藁城區)〉이다. 평양(장안성)과 안시성이 60리 거리라는 기록으로 지도에서 실측하니 24km가 나온다.

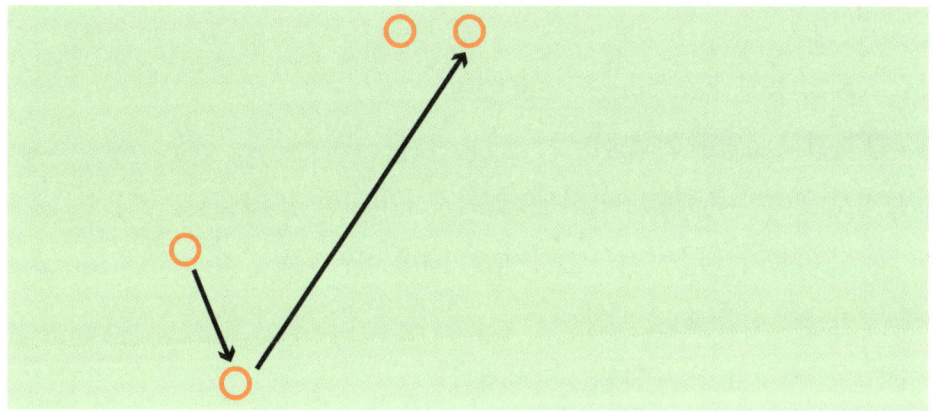

요동성〈요주〉 – 백암성〈암주〉 – 안시성 – 석가장시〈장안성〉

고구려 도읍(都邑)과 천리장성(長城)

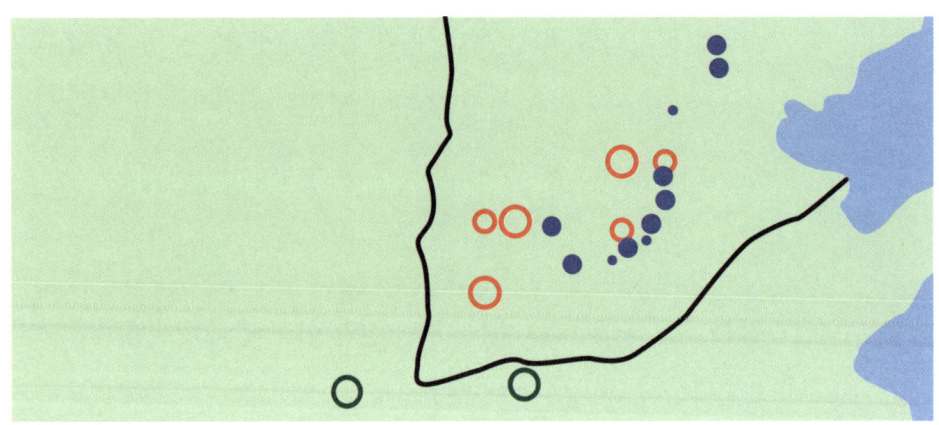

O 〈서안, 낙양〉

능안고성〈조양(朝阳) 능원시(凌源市)능북진(凌北镇)〉

부여성(扶餘城)〈북경시 조양구(朝阳区)〉

신성(新城)〈보정시 고비점시(高碑店市) 신성(新城)진〉, {당 고종 공격}

요동성(遼東城)〈진중시 좌권현(左权县) 요양진(辽阳镇)〉, {당 태종 공격}

백암성(白巖城)〈한단시 섭현(涉县) 백암〉

안시성(安市城)〈석가장시 고성구(藁城区) 고성(藁城)〉

개모성(蓋牟城)〈형태시 형태현(邢台县)〉

신성(新城)〈당태종〉〈형태시 사하시(沙河市) 신성(新城)진〉

건안성(建安城)〈형태시 광종현(广宗县)〉

비사성(卑沙城)〈해(海) 덕주시(?)〉

오골성(烏骨城)〈봉황성〉〈형태시 영진현(宁晋县) 봉황진(鳳凰鎭)〉

3. 백제(百濟)

위례성(慰禮城)

BC18년 온조가 위례성(慰禮城)〈산서성 운성시(运城市) 직산현(稷山县)〉을 세웠다.

한남(汗南)

온조를 한남왕이라고 부른다. 한남(汗南) 위치를 도패대이수(渡浿帶二水)로 추정하면 〈제원시〉이다.

하남 위례성

BC5년 온조가 위례성(직산)에서 한산(漢山)〈정주시 등봉시(登封市)〉으로 천도하였다. 사수(蛇水)의 동쪽에서 숭산(嵩山) 북쪽까지 성을 쌓았다.

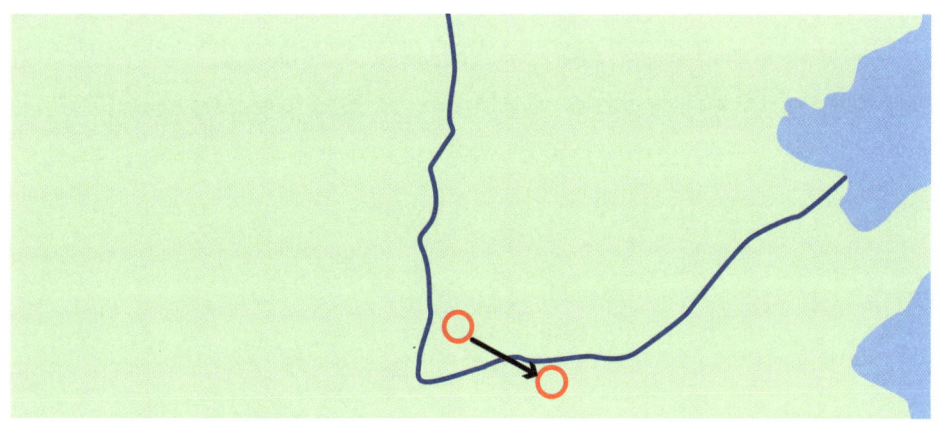

위례성(직산현) - 하남위례성(등봉시)

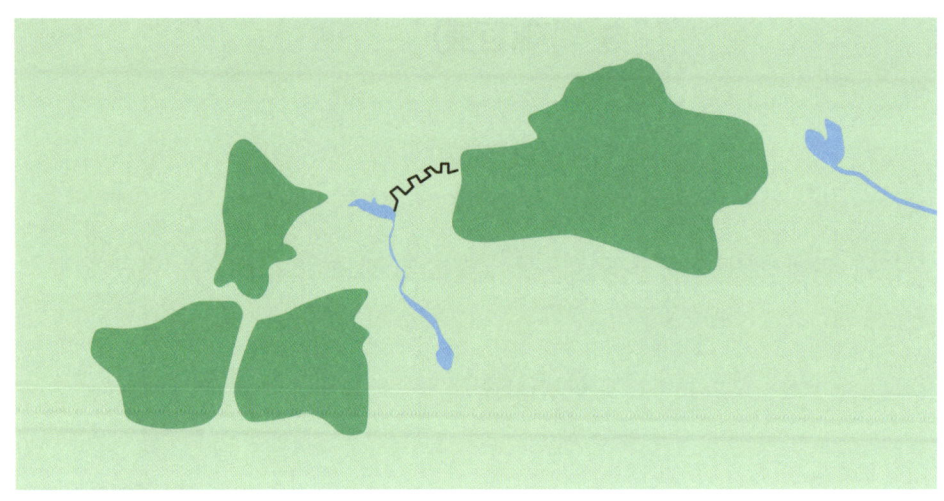

사수 - 숭산(嵩山)

한성(漢城)

370년 전진 부견이 전연의 수도 업성(邺城)〈하북성(河北省) 한단시(邯郸市) 임장현(临漳縣) 임장진(臨漳鎮)〉을 공격하여 전연을 멸망시켜 폐허로 만들고 돌아간다. 371년 근초고왕이 한때 전연의 수도였던 화룡성(华龙城)〈복양시(濮阳市) 화룡구(华龙區)〉과 고구려 남평양이었던 복성(濮城)〈복양(濮阳)시 범현(范县) 복성(濮城)진〉으로 백제 도읍을 옮겨 한성(漢城)과 북한성(北漢城)으로 사용한다. 당시 황하가 한수(漢水)이다.

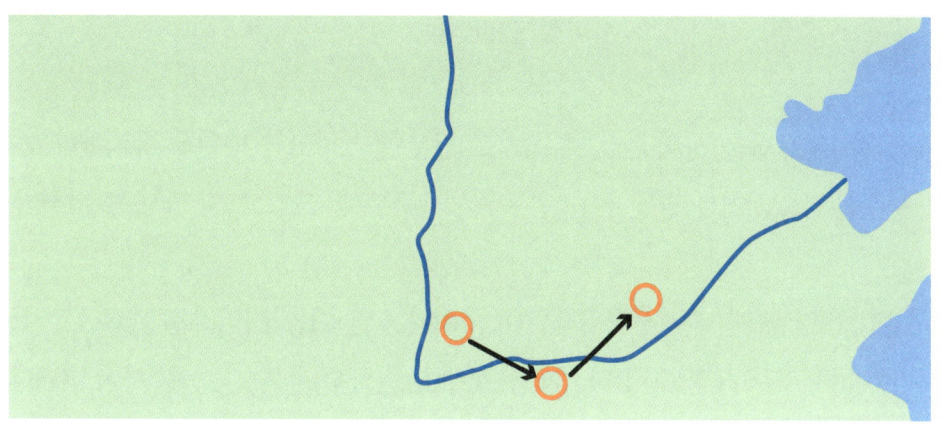

직산현〈위례성〉 - 등봉시〈하남위례성〉 - 복양〈한성〉

한성(韓城)〈복양(濮陽), puyang〉 - 한수(漢水)〈김제하(金堤河)〉 - 복성(濮城) - 황하

웅진(熊津)

웅진(熊津)을 고마나루(固麻那羅)라고 한다. 475년 웅진(熊津)〈태안(泰安)시 비성(肥城)시〉으로 도읍을 옮긴 후 538년 사비성으로 도읍을 옮길 때까지 63년간 백제의 수도였다. 태산 일대는 래이(萊夷)의 땅이기에 백제를 래이(萊夷)라고 한다.

사비성(泗沘城)

AD538년 성왕 때 도읍을 사비(泗沘)로 옮기고 남부여라 하고 120년을 유지했다. 사수(泗水)가 사수현(泗水县)에서 발원하여 〈연주구〉와 〈곡부시〉 그리고 〈추성시〉를 흐른다.

웅진에서 사비성(泗沘城)까지 직선거리가 70km이니 5일 이동 거리라는 기록으로 볼 때 〈제녕시(濟寧市) 연주구(兗州区)〉나 〈제녕시(濟寧市) 사수현(泗水县)〉을 사비성(泗沘城)으로 볼 수 있다.

임존성(任存城)

통일신라 경덕왕 때 임존성을 임성군(任城郡)〈제녕시(濟寧市) 임성구(任城区)〉으로 바꾼다.

운주성(運州城)

운주성이 동평호수에 잠기자 새로이 〈태안시(泰安市) 동평현(东平县) 신호진(新湖镇)〉을 축성한다.

백제 도성(都城)

AD660년 의자왕 때 5부 37군 200여 성 76만 호 국가다.

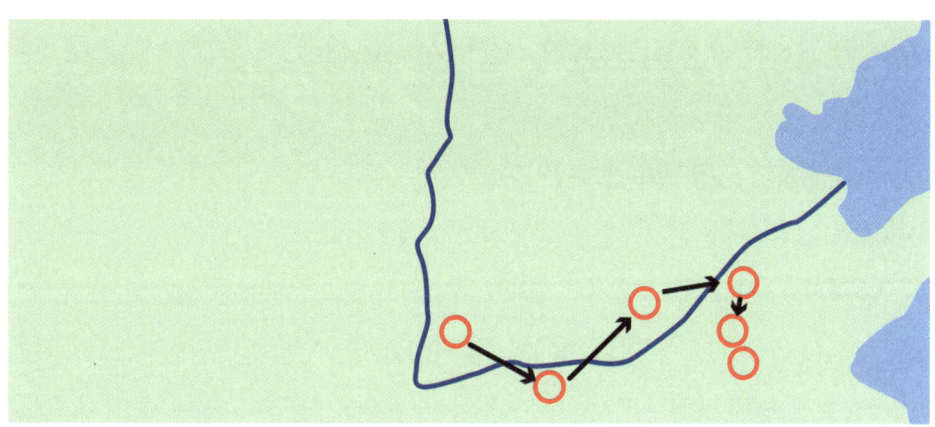

위례성 - 하남위례성 - 한성 - 웅진 - 사비성 - 임존성

BC18년   온조(溫祚) 위례성(慰禮城)〈운성시(运城市) 직산현(稷山縣)〉
BC5년   온조(溫祚) 하남위례성〈정주시(郑州市) 등봉시(登封市)〉
AD371년 근초고왕 한성〈복양시(濮阳市) 범현(范县) 복성진(濮城镇)〉and 〈복양시(濮阳市) 화룡구(华龙區)〉
AD475년 문주왕 웅진(熊津)〈태안시(泰安市) 비성시(肥城市)〉
AD538년 성왕 사비성(泗沘城)〈제녕시(濟寧市) 사수현(泗水县)〉
AD663년 부흥운동 임존성(任存城)〈제녕시(濟寧市) 임성구(任城区)〉

4. 전연(前燕)-가야-왜-탐라-가락국-복건성 동이

1. 전연(前燕)

극성(棘城)〈형태시 평향현(平乡县)〉은 원래 거록현(钜鹿县)이다.
294년 모용외가 도읍을 극성(棘城)으로 옮겼다.
업(鄴)은 〈한단시(邯郸市) 임장현(临漳县)〉이다.
용성〈복양시(濮阳市) 화룡구(华龙區)〉을 화룡성(华龙城)이라고 한다.
AD342년 모용황이 용성으로 도읍을 이전한 후 AD353년 모용준(慕容儁)이 업(鄴)으로 천도한다. AD370년 모용평(慕容評)이 전진(前秦)에 의해 멸망당한다. 모용외를 〈조선공(朝鮮公), 요동공(遼東公)〉이라 칭하는 것은 모용외의 전연이 있는 곳이 요동(遼東)이기 때문이다.

전연 수도 위치

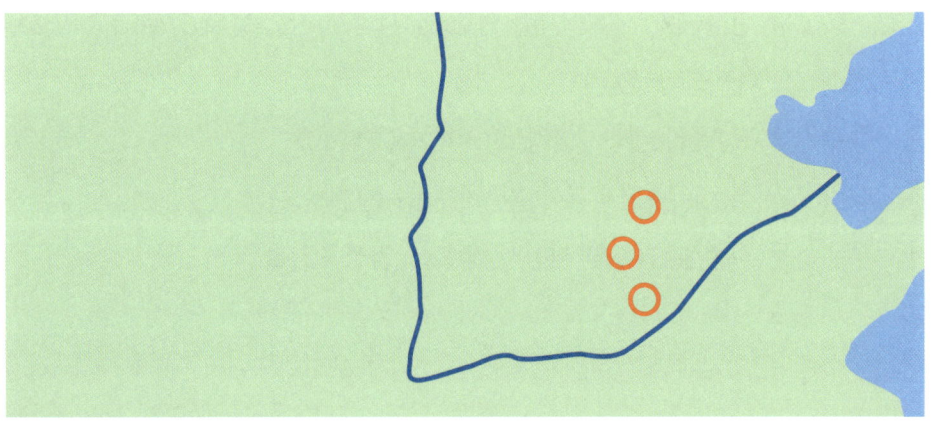

용성 – 업 – 극성

2. 가야 (BC39년-AD10년=AD369년- AD562년)

마한 54국, 변진한 24국이 〈복건성, 광동성, 광서 장족 자치구〉에 널리 분포되었을 가능성이 크다.

광동성, 복건성 변진한(弁辰韓) 가야

BC39년 광동성과 복건성으로 이주 변진한(弁辰韓) 24개국이 가야로 정착한다. 변진구사국(弁辰狗邪國)과 변진독로국(弁辰瀆盧國)은 주호국 〈왜〉과 인접한 북안〈광동성 광주, 홍콩〉으로 볼 수 있다. 금관가야, 안라가야등은 복건성에 정착한다.

복건성 마한

AD10년 양자강 남쪽 복건성(福建省) 복주시로 이주하여 대륙에는 대가야(大伽倻)〈반파국(伴跛國)〉를 건국하고, 대마국을 점령하여 마한을 이어 간다.

한반도 가야 무덤군

346년 부여 멸망후 한반도로 이동 김해에 정착 하여 대성동 고분군을 남긴다.

562년 복건성 대가야가 신라에게 멸망 당한후 한반도로 이주하여 고령군에 고분군을 남긴다.

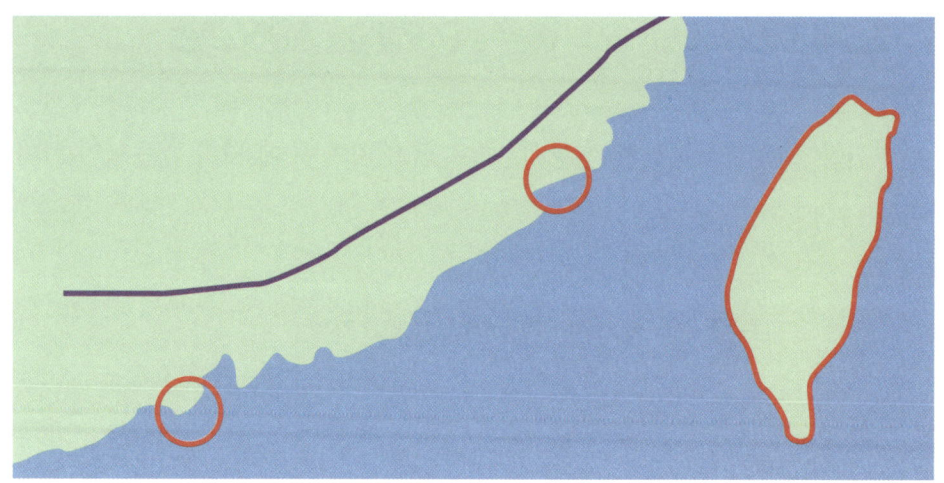

주호국〈홍콩〉 -임나〈금문도〉- 탐라국, 〈대마국〉〈마한〉 -가야〈보라색 선 아래 해안선을 따라 정착〉

3. 왜

왜인전

〈242년 위나라와 전쟁한 고구려 동천왕((東川王) 시기 기록이다〉

왜는 100개국 적을 때는 30개국이 한(漢)을 예방했다.

대방군의 동남에 있고 동해안을 따라 한(韓)을 지나 〈기북안(其北岸) 구사한국(狗邪韓國)〉까지 7000리고, 천여 리(千餘里至) 거리가 대마국(對馬國)이다.

남(南)으로 1000여 리를 가면 일대국(一大國)〈필리핀 루손섬〉에 도착한다 사마대국(邪馬壹國)〈필리핀 민다나오섬 디바오〉까지는 12,000리이다.

위나라 관구검(毌丘儉)이 246년 불내성(不耐城)을 공격한다. 247년 왕기(王基)가 사마대국(邪馬壹國)을 방문하여 비미호(卑彌呼) 여왕을 만난다. 여왕이 죽자 순장자가 100명이다. 〈삼국지〉〈진수〉

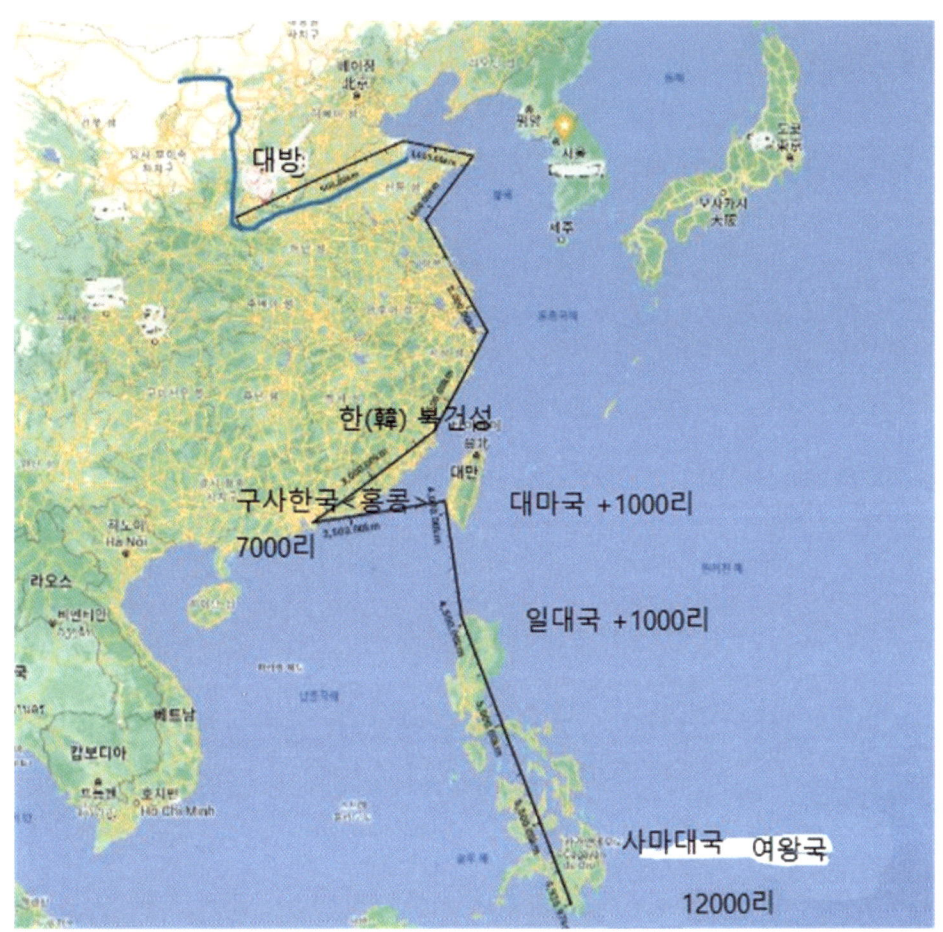

대방군(帶方郡)-한(韓)〈복주시〉-구사한국(狗邪韓國)〈7000리〉-대마국(對馬國)
〈+1000여리〉-일대국(一大國)〈+1000리〉-사마대국(邪馬臺國)〈12000리〉

왜〈임나일본부〉

일본서기에 〈임나의 북쪽이 바다로 막혀 있다〉를 근거로 할 때 〈복건성 하문시 하문도(廈門島)〉와 〈금문도(金門島)〉 포함하여 일부 인접한 육지가 임나일본부이다.

대만〈탐라〉 - 금문도- 하문시

왜〈주호국(州胡國)〉〈홍콩〉

해도(海島) 〈난두도(爛頭島), 향항도(香港島)〉〈홍콩〉상에 주호국(州胡國)이 있다. 한(韓)이 서쪽 주호국(州胡國)과 중간 해상에서 교역한다.
〈馬韓之西, 海島上有州胡國〉〈市買韓中〉

왜〈대마국(對馬國)〉〈탐라〉〈대만〉

구사한국(狗邪韓國)에서 1000여리 거리에 있다.
남북이 1000여 리고 동서가 수백리〈南北千餘里, 東西數百里〉

왜 〈일대국(一大國)〉〈사마대국(邪馬壹國)〉〈필리핀〉

1000여 리를 가면 일대국(一大國)〈필리핀 루손섬〉에 도착한다
대방군에서 사마대국〈민다나오섬〉까지 12,000리 이다.

4. 탐라(耽羅)

1. 10년 복건성에 정착한 마한(馬韓)이 대마국(對馬國)〈대만〉을 건국하여 서진(西晉) 사신을 파견한 진서(晉書) 기록 280, 281, 286, 287, 289, 290년이 있다.
2. 369년 백제 근초고왕이 가야〈7국, 4읍〉과 대마국(對馬國)〈대만〉을 정복하여 탐모라국(耽牟羅國)〈탐라〉〈왜(倭), 한(韓), 백제(百濟)〉이라 이름하고 후왕(侯王)〈백제국 마한 황제(百濟國 馬韓皇帝)〉을 둔다. 372년 칠지도(七枝刀)를 탐라 후왕(侯王)에 보낸다. AD391년 광개토태왕이 보병과 기병 50,000명으로 신라성(新羅城)의 왜를 쫓아내고 임나 종발성(從拔城)〈금문도〉까지 추격하여 왜를 굴복시킨다. 백제왕이 탐라국으로 AD404년 아직기(阿直岐)를 보내고, AD405년 논어, 천자문과 함께 왕인(王仁)을 보내고, 477년 왜국왕(倭國王)〈탐라〉무(武)가 바라본 주변 7개국〈倭, 百濟, 新羅, 任那, 加羅, 秦韓, 慕韓〉〈安東大將軍(안동대장군)〉〈일본서기〉

498년 동성왕이 탐라 정복을 위해 〈무진주(武珍州)로 가니 탐모라(耽牟羅)〈대만〉〈왜국〉가 잘못을 인정한다.

AD544년 3월 신라가 구례산(久禮山) 주변에 있는 탁순을 정복한 후 AD562년 신라 진흥왕이 임나를 공격하여 임나일본부 왜를 궤멸시킨다.

일본서기 562년 6월 흠명(欽明) 23년 기록

新羅西羌小醜, 而新羅, 長戟強弩, 凌蹙任那, --- 既屠且膾.

신라는 서강(西羌)으로 작고 추하며 〈긴 창〉과 〈강한 쇠뇌〉를 갖고 있어 임나를 업신여기고 잔학하게 한다. 탐라 마한계 왕은 AD10년부터이고 백제계 왕은 인덕왕(仁德王) 369년부터 시작이다. 〈399년 고구려 광개토태왕〉〈498년 백제 동성왕〉〈562년 신라 진흥왕〉은 탐라 왜왕을 유지하면서 영향력 행사만 한다.

왜 5왕 찬(讚), 진(珍), 제(濟), 흥(興), 무(武)는 탐라국 왕이다. AD663년 8월 탐라가 1000척의 배를 백강구(白江口) 전투에 보내지만 패배한 후 남아있는 400척의 배로 백제 유민과 탐라국 유민이 일본열도로 이주한다. 이로써 탐라국〈백제(百濟), 왜(倭), 한

(韓)〉 시대는 끝난다. 663년 일본열도에서 천지(天智)와 천무(天武)가 신라에 대한 배상을 마치고 670년 일본을 건국한다.

복건성 용암시 신라구 - 장주 - 천주〈가야〉 - 탐라(대마도)

5. 가락국(駕洛國)

479년   가락국 하지왕이 남제를 찾아가서 보국장군 본국왕을 받아온다.

562년   신라 진흥왕에게 천주시의 가락국〈대가야〉이 멸망당한다.

562년   천주시를 흐르는 낙강(洛江)〈복건성 천주(泉州)시 낙강구(洛江區)〉 이름을 가져와서 낙동강(洛東江)이라 이름 짓고 가락국을 한반도에서 이어 가는 것이 허황후 설화일 것이다.

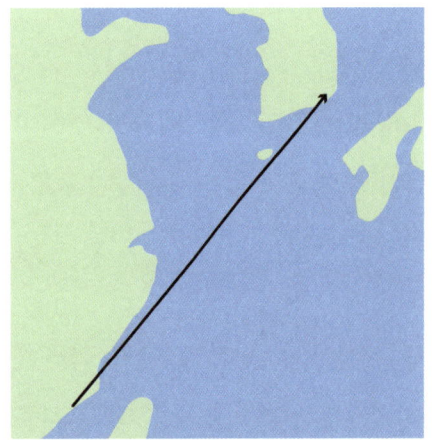

천주(泉州)시 낙강구 - 김해시 낙동강

6. 복건성 동이

〈침미다례〉

369년 근초고왕이 가야와 왜를 무찌른 후에 남만(南蠻)의 침미다례(枕彌多禮)를 무찌른다.
- 백제향〈광서장족자치구(廣西壯族自治區) 남녕시(南宁市) 옹녕구(邕宁区) 백제향(百济乡)〉인가 ?
- 변진구사국(弁辰狗邪國)〈광동성 광주시(廣州市)?〉〈광동성 심천시(深圳市)〉인가?

그곳이 어딘지 알수 없다.

장족(壯族)

장족〈광서장족자치구(廣西壯族自治區)〉은 침미다례 정복 당시 이주한 백제인의 후손으로 려(黎)와 레이(萊夷)로 볼 수 있다.

전주현(全州縣)

이자춘은 〈남경, 천호소 알동〉에서 태어났고 이성계는 화주(和州)〈안휘성(安徽省) 마안산시(马鞍山市) 화현(和县)〉에서 태어났다.

이성계의 본관을 〈광서장족자치구(廣西壯族自治區) 계림시(桂林市) 전주현(全州縣)〉으로 볼 수 있다.

이성계를 통해서 장족이 백제인인 것을 알 수 있는 것이다.

해남성(海南省) 〈려족(黎族)〉

해남성에 여족이 많이 살고 있다. 부여가 려족(黎族)이고 고구려 또한 구려(九黎)이다.

광동성 〈레이(雷)〉

광동성에 거주하는 레이족을 발음을 따라 〈雷〉라고 표기한 것이다. 레이는 〈산동성 래무시 래성구〉가 고향이다.

객가(客家)

〈용암시 신라구〉가 신라성이다. 〈용암시 장정현(长汀县)〉 거주자를 객가인(客家人)이라고 한다. 백제나 신라인으로 볼 수 있다.

묘족(苗族)

귀주성(贵州省)에 모여 산다. 묘족이 고구려와 똑같은 음력 3월 3일 명절을 갖고 있다면 고구려 유민이다.

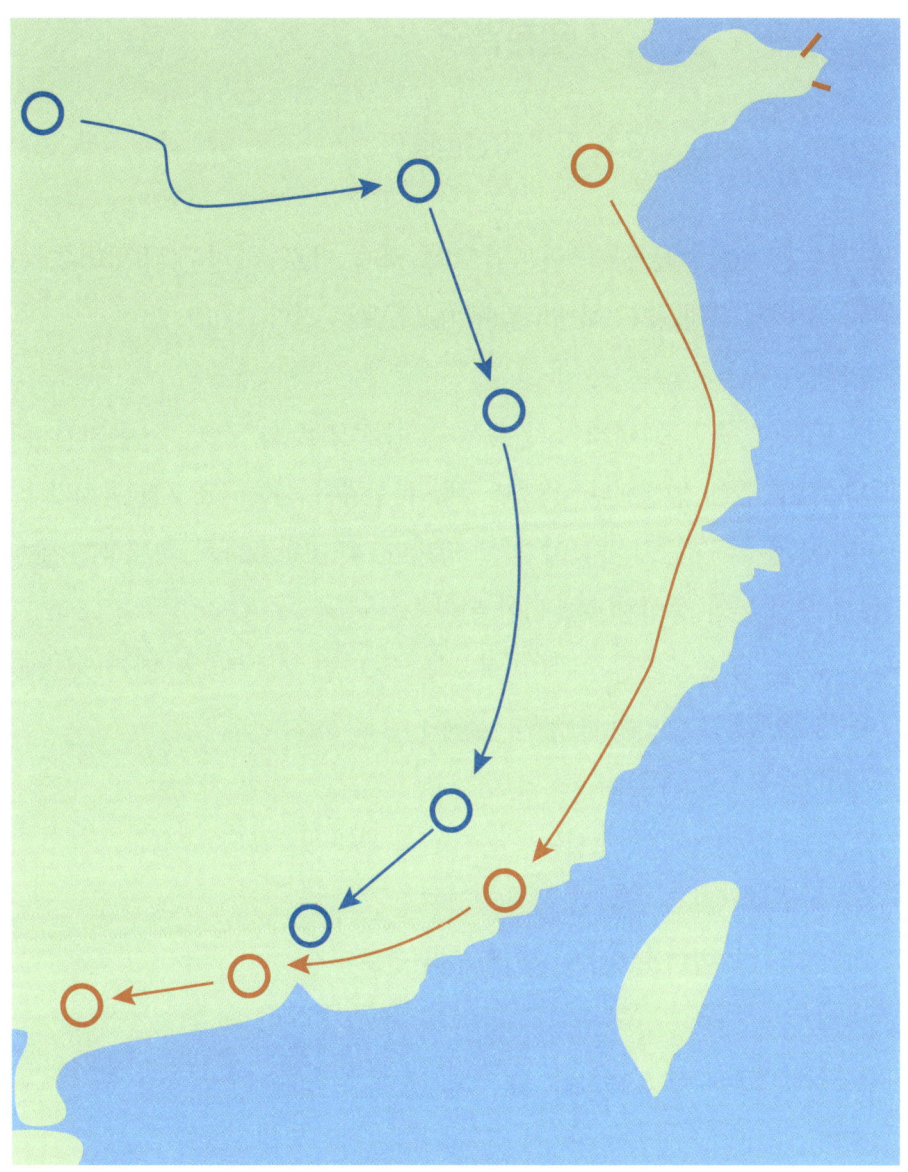

〈신라 이동〉 무위시(武威市) - 성무현 - 합비시 - 용암시 - 감주시
〈백제 이동〉 제녕시 - 복건성 - 광주시 - 전주시

1장 국가

7. 일본열도

담로 하내국(河內國)

461년 10월 부여곤지(扶餘昆支)가 일본열도의 백제 담로 하내국(河內國)〈대판(大阪) 하내(河內)〉에 백제 후왕(侯王) 하내국왕(河內國王)으로 간다.
462년 6월 사마가 태어난다.
475년 백제 개로왕이 죽임을 당하자 문주왕이 웅진으로 천도한 후 곤지가 귀국하여 내신좌평(內臣佐平)에 임명된다. 477년 4월 문주왕이 시해되고 7월 곤지가 암살당하고 479년 11월 삼근왕(三斤王)이 암살 당한다. 479년 모대가 하내국(河內國)에서 백제〈산동성 웅진〉로와 동성왕(東城王)이 된다.
495년 백제〈산동성 웅진〉의 동성왕이 북위를 격파한 사법명을 매라성(邁羅城)〈한반도 부여〉에 정로장군 매라왕(征虜將軍 邁羅王)으로 봉(封)한다

501년 사마가 하내국(河內國)에서 백제〈산동성 웅진〉로와 무령왕(武寧王)이 된다.

야마토(大和) 왜(倭)〈일본열도〉

야마토 왜는 일본건국 준비기간 〈663년 – 669년〉 동안 일본열도에 존속한다.

663년 백제 부흥군이 백강구 전투에서 패하자 남아있는 400척의 배로 백제 장군과 탐라왕〈백제 후왕〉이 일본열도로 이주한다.
663년 천지왕(天智王, 668-672)이 일본열도 여러 섬에 봉수대를 설치하고 신라에 배상금을 지급한다.

666년 고구려 왕자인 고약광(高若光)은 사절단으로서 일본열도에 파견된 후 668년 고구려가 멸망하자 일본에 남아 716년 7개 지역의 고구려인 1천799명을 고려군(高麗郡)으로 모여 용병과 메밀 농사로 정착한다.

668년 문무왕 8년 신라가 일본에 사신을 보낸다.

일본 건국

670년 〈백제왕의 후손들〉과 〈백제 일본내 담로국 왕의 후손들〉에게 〈국(國)지명의 영토와 담로왕 지위〉를 계속 유지 시키면서 〈신라, 고구려, 백제, 탐라, 왜(倭), 한(韓)〉과 함께 일본천황국(日本天皇國) 〈천황 – 담로국(國)〉을 선포한다. 담로왕 후손이 번성함에 따라 많은 국(國)이 생긴다.

712년 고사기, 720년 일본서기(日本書紀)에 탐라왜〈대만〉 역사를 담는다.

12. 통일신라(統一新羅)

660년 백제, 668년 고구려가 멸망한다. 백제 영토와 고구려 영토를 698년에 발해가 건국될 때까지 30년간 한반도 만주 산서 화북을 비롯하여 복건성까지 모두 통치하게 된다. 도읍은 경주(慶州)〈안휘성(安徽省) 합비시(合肥市)〉이다.

화동(華東) - 하북 - 산서 - 만주 - 블라디보스토크(시베리아)

13. 후삼국 {고려, 통일신라, 후백제}+거란+5대 10국 {후량, 후당}+발해

5대 10국 〈후량(後梁, 907년~923년), 후당(後唐, 923년~936년)〉 중국 하남성(河南省) 개봉시(開封市)에 건국한다. 907년 야율아보기 가한이 임황을 도읍으로 거란을 건국한다.

견훤이 상주〈강소성(江蘇省) 상주시(常州市)〉에서 태어나 완산주 전주〈광서장족자치구(廣西壯族自治區) 계림시(桂林市) 전주현(全州縣)〉와 무주 광주〈광동성(廣東省) 광주시(廣州市) 황포구(黃埔区)〉〈나주〉〈백월(白越)〉를 기반으로 후백제(後百濟)(892년- 936년)를 건국한다.

918년 왕건이 개경(위치 불확실) 〈산동성(山東省) 유성시(聊城市) 동창부구(东昌府区) 봉황가도(凤凰街道)〉나 〈하북성(河北省) 형대시(邢臺市) 영진현(宁晋县) 봉황진(鳳凰鎮)〉

에서 고려가 건국한다.

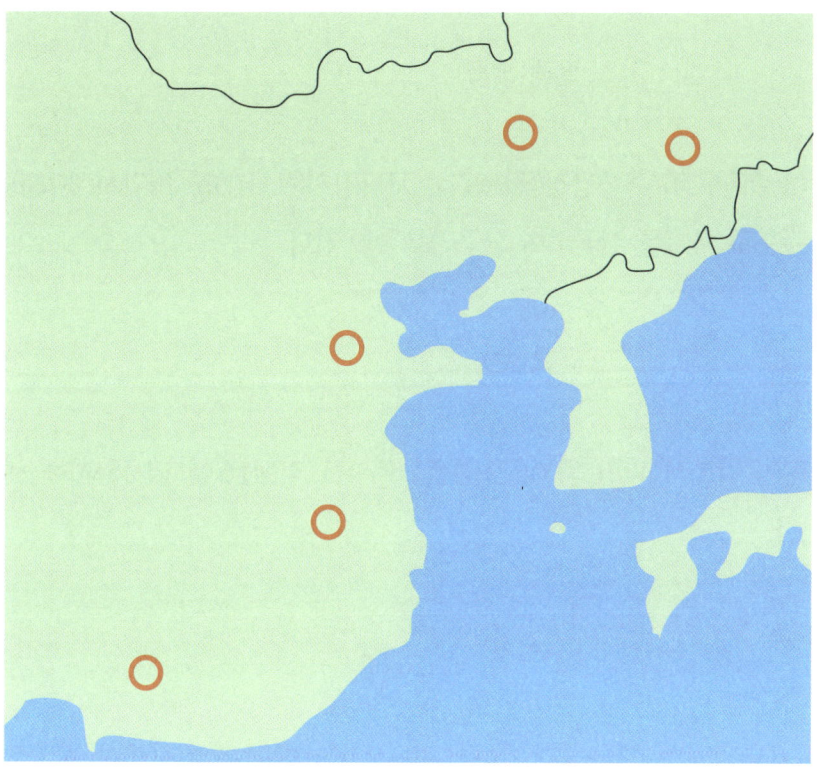

후백제〈전주〉 - 신라〈합비〉 - 고려〈개경〉 - 후량,

후당〈개봉〉 - 거란〈임황〉 - 발해〈상경용천부〉

14. 발해(渤海) 요(遼) 금(金) 원(元)

발해(渤海)

698년 상경용천부(上京龍泉府)〈흑룡강성(黑龍江省) 모단강시(牡丹江市) 영안시(寧安市) 발해진(渤海鎭)〉을 수도로 국가를 건국하여 고구려를 이어간다.

요(遼)

상경임황부(上京临潢府)〈적봉시 파림 좌기(巴林左旗)〉에 요나라(916년-1125년)를 세워 고구려를 이어간다.

금(金)

여진이 완안 〈상경 회령부〉〈하얼빈(哈爾濱) 아성구(阿城区)〉에 금을 건국하여 신라를 이어 간다.
금나라 사신이 송나라에 가니 휘종(徽宗)이 신라 사신 맞이하는 예법으로 직접 헌(軒)에 나가서 〈인견(引見), 입견(入見), 임헌(臨軒), 인국서(引國書)〉한다.

원(元)

발해가 926년 요에게 멸망당한 후 발해 유민들이 울란바토르 인근으로 1500km를 이동하여 정착한다. 이들을 몽골이라고 한다.
칭기즈칸(1162년-1227년)이 몽골제국을 이룰 때 이들이 중심 세력이 된다. 원(元)은 북경에 대도를 세운다. 이런 이주 역사가 있었기에 몽골과 한국인이 생김새가 유독 같은 것이다.

만주 도읍지

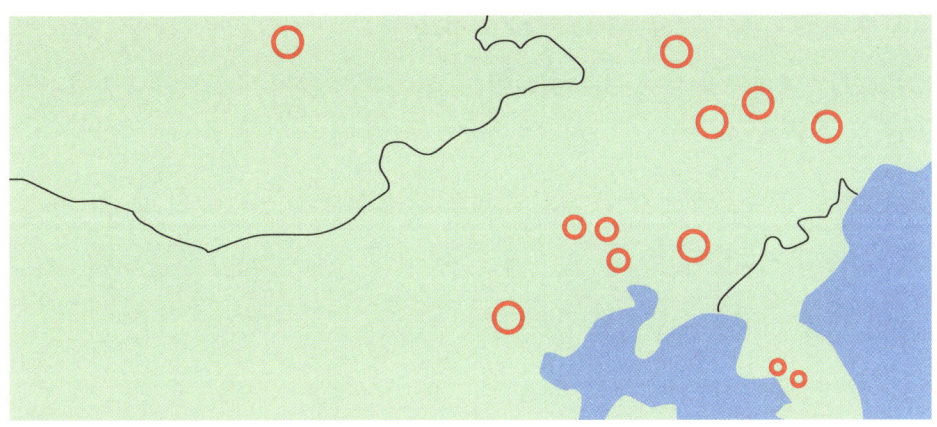

〈송원시 부여시〉〈부여〉- 〈흑룡강성 모란강시〉〈상경용천부〉〈발해〉- 파림좌기 〈상경임황부〉〈요나라〉- 북경〈원〉- 북경〈명〉- 하얼빈〈상경회령부〉〈금나라〉- 울란바토루〈몽골〉- 개성〈고려말〉- 한양〈조선〉

15. 고려(高麗)(918년-1369년)

개경(開京)

고려 개경이 고구려 동도이고 현도군에 있다고 한다.
개주(開州)가 대청광여도에 복양에 기재되어있다. 복양은 고구려의 남평양으로 추정되는 곳이니 동도로 볼 수 있다.
봉황성(鳳凰城)〈형태시 영진현(宁晋县) 봉황진(鳳凰鎭)〉은 이름으로 동도로 볼 수 있다
개경 위치를 지금은 정확하게 알 수 없기에 〈산동성 유성시(聊城市) 동창부구(东昌府区)〉로 이 책에 한해 가정하여 위치를 잡는다.

서경(西京)

서경(장안성)〈석가장시(石家庄市) 장안구(长安区)〉에 동녕총관부가 설치되어 북계 54성과 자비령(慈悲嶺) 이북 6성을 관할한다.

강화도((江華島)

1232년 최우가 6월에 군대를 강화로 보내 궁궐을 짓고, 7월 고종과 최우가 함께 을유(乙酉)에 승천부에 머물고 병술(丙戌)에 강화도의 객관에 도착한다.

행정을 위한 강도(江都)〈강소성(江蘇省) 남통시(南通市) 통주구(通州区)〉〈강소성(江蘇省) 양주시(揚州市) 강도구(江都区) 강도진(江都镇)〉가 육지에 필요하여 에 행정관청을 두었다.

대청광여도에 강도(江都)와 〈해문도(海門島)〉가 그려져 있다. 지금은 해문도(海門島) 〈강소성(江蘇省) 남통시(南通市) 계동시(启东市)〉가 토사로 육지가 되었다. 해문도를 당시 강화도로 볼 수 있다.

1259년 고종이 강화도에서 사망하자 원종이 쿠빌라이 칸을 찾아가서 전쟁 종결 의사를 전하고 쿠빌라이 칸으로부터 불개토풍(不改土風)을 받아 1270년 39년 만에 강화도를 나와 개경으로 돌아온다. 1388년 박의중이 받아온 명나라 주원장의 자문(咨文) 〈탐라포살(耽羅捕殺)〉에 의하면 원(元)에 의해 고종이 탐라에서 죽었다고 한다. 진실은 (?)

해문도 -강도〈통주〉 - 강도〈양주부〉

해문도〈계동시(启东市)〉〈강화도〉 - 양자강 -숭명도(崇明岛)

화주(和州)

화주(和州)〈안휘성(安徽省) 마안산시(马鞍山市) 화현(和县) 역양진(历阳镇)〉가 쌍성총관부 총관 지역이다.

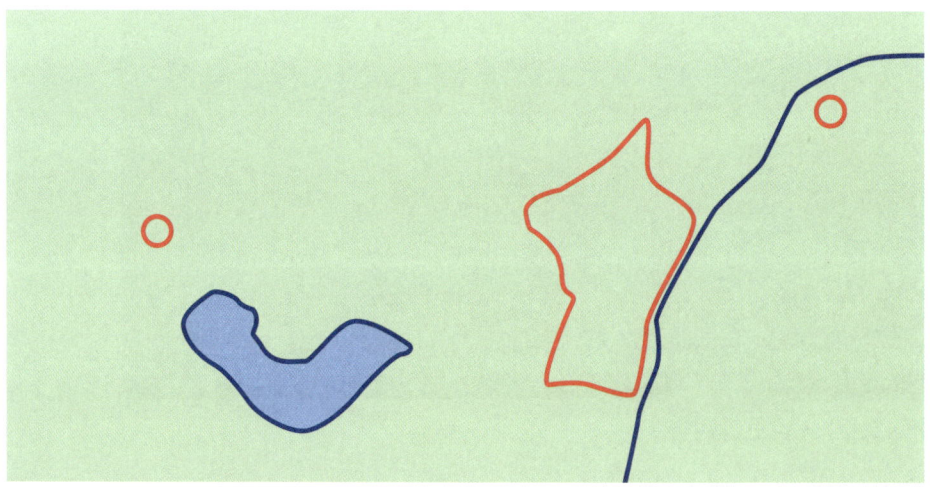

합비 - 소호 - 화주〈화현〉 - 양자강 - 남경

고려 5악

공민왕이 지정한 고려 5악은 중악〈하남성 숭산(嵩山)〉, 동악〈산동성 태산(泰山)〉, 서악〈섬서성 화산(華山)〉, 남악〈호남성 형산(衡山)〉, 북악〈산서성 항산(恒山)〉이다.

항산 – 화산 – 숭산 – 태산 – 형산

16. 한반도 고려(高麗)(1369년-1392년)

개성

1368년 원나라의 대도(大都)가 홍건군에게 함락되고 원나라가 북으로 이동한다. 1369년 명(明) 주원장이 남경에서 명을 건국한 시기에 공민왕이 개성⟨한반도 황해도⟩으로 천도한다.

1370년 성준득이 명나라 황제(주원장)로부터 받아온 새서(璽書)에 당시 고려 상황이 잘 나타나 있다.

{성곽이 있느냐? 없습니다. 갑병은? 엄하지가 않습니다.
왕의 거처는? 거처는 있으나 정사를 볼 곳이 없습니다.
관복을 보내겠다.}
1369년 이후가 공민왕의 한반도 고려 역사 시작인 것이다.

1389년 이색이 남경에 갔을 때 명 황제(주원장)가 ⟨원 조정에서 벼슬하였으니 중국말을 알 것이다. 중국말로 말하거라⟩. 이색의 중국말을 듣고 ⟨너는 나하추와 말하는 것이 똑같구나⟩라고 대화 기록을 남긴다.

이 기록으로 고려 귀족⟨이색, 정몽주, 이재현, 최영, 이인임, 이성계 등⟩들이 공민왕과 함께 한반도 개성으로 이주했음을 알 수 있다.

17. 조선(朝鮮)

화령(和寧)

〈화령, 조선〉에 대한 명 주원장의 자문〈동이는 조선이란 이름이 제일 아름답다〉을 받아 국명을 조선으로 정한다. 화령은 이성계의 고향 화주(和州)〈안휘성(安徽省) 마안산시(马鞍山市) 화현(和县) 역양진(历阳镇)〉이고 부친 이자춘은 〈남경, 천호소 알동〉에서 태어났다. 이성계의 본관은 전주〈광서 장족자치구 계림시(桂林市) 전주현(全州县) 전주진(全州镇)〉이다.

한양

이성계가 조선(1392년-1897년)을 한양에서 건국한다.

조선영토

명나라는 원나라 영토를 계승하고 고려영토는 고려에 귀속시킨다.

공민왕의 영토정책〈쌍성총관부 동녕총관부 동녕부〈심양〉 탐라총관부 5악을 지키는 것〉을 이성계는 전투에 참여함으로써 잘 알고 있었고, 이를 계승해 나간다.

18. 여진(女眞)〈후금, 청(淸)〉

환인(桓仁)〈간도면(間島面)〉

1433년 4월 조선 세종 때 〈혼강〉 일대의 여진족을 평정한 후 환인〈요녕성(遼寧省) 본계시(本溪市) 환인만족자치현(桓仁滿族自治縣) 환인진(桓仁鎭)〉〈간도면(間島面)〉에 조선인을 이주시킨다.

흥경(興京)

1583년 누르하치가 흥경노성(興京老城)〈요녕성(遼寧省) 무순시(撫順市) 신빈만족자치현(新宾滿族自治縣) 영릉진(永陵鎭)〉에서 건주여진의 추장이 된 후 1616년 후금을 건국한다. 1619년 사하르 전투에서 후금이 명을 패퇴시킨다.

심양(瀋陽)

1625년 누르하치가 만주를 통합한 후에 요양으로 다시 심양으로 수도를 이전한다. 1636년 4월 홍타이지가 차하르〈내몽골〉 전투 승리 후에 청(淸)으로 국명을 바꾸고 칸(汗)이 된다.

북경(北京)

1644년 10월 순치제(順治帝, 6세)가 내몽골과 함께 산해관 전투 승리 후에 북경으로 들어간다.

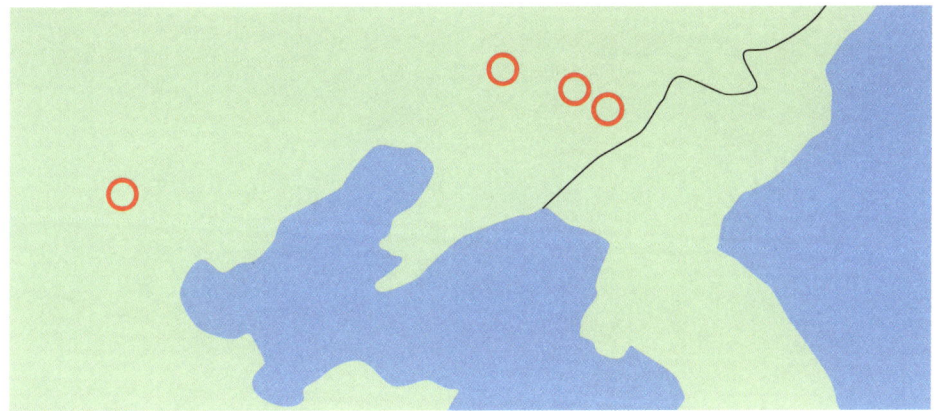

북경 – 심양 – 흥경 – 환인

2장

전쟁터

1. 배달국〈환인현〉-홍산문명〈적봉시 홍산구〉+옥(玉)〈안산시 수암현〉 전쟁

환인(桓因)의 명을 받고 환웅(桓雄)이 3,000명을 거느리고 환인현(桓因县)을 출발하여 〈요녕성(遼寧省) 안산시(鞍山市) 수암만족자치현(岫岩满族自治县) 수암옥(岫岩玉)〉을 거쳐 〈심양시(瀋陽市) 황고구(皇姑区) 신락〉〈적봉시(赤峰市) 홍산구(红山区) 홍산〉를 정복한다.

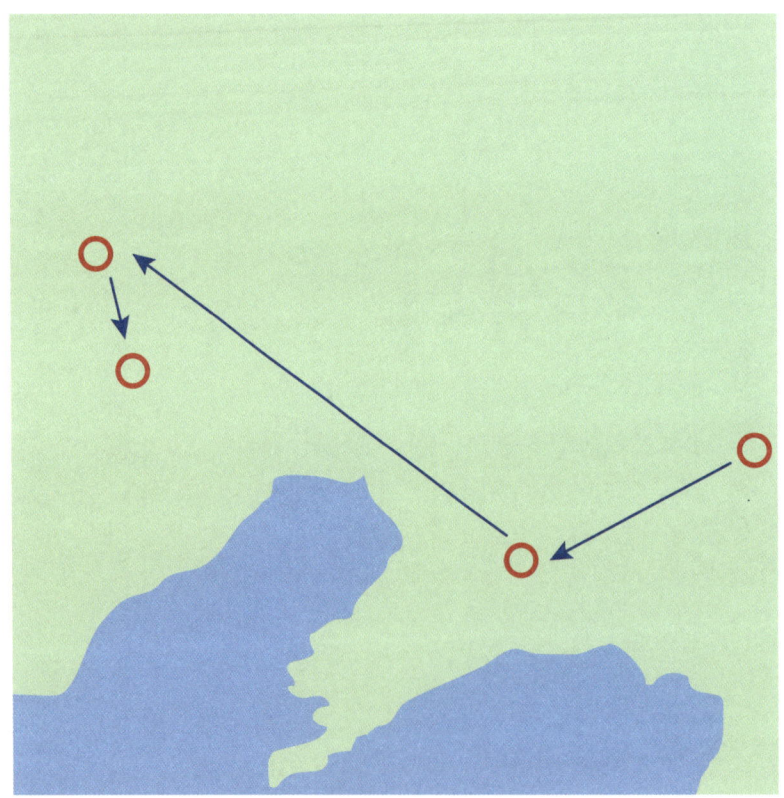

환인현 – 수암현 – 홍산구 – 능원시 우하량〈신시〉

2. 조선(朝鮮)-연(燕)〈소왕〉〈진개〉 전쟁

전쟁 시기에 대한 기록은 없고 소왕 때라는 기록만 있다. 연나라 진개가 공격한 곳이 보정시(保定市)이다. 연나라 진개가 조선을 2,000리 만번한으로 밀어내고 〈보정시(保定市) 역현(易縣)〉을 도읍으로 정한다. BC1400년경 상나라 왕해(王亥)와 상갑미(上甲微)가 유역족(有易族)〈보정시(保定市) 역현(易縣) 일대〉을 멸망시킨다.

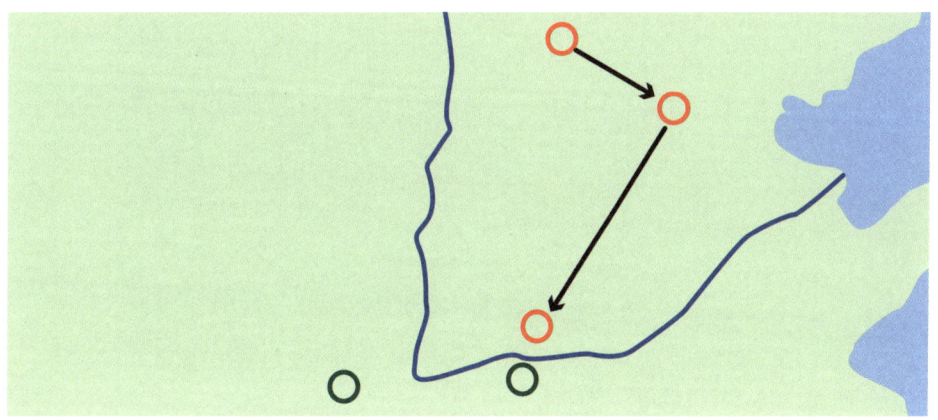

대동시 - 보정시 - 제원시〈만번한〉 2,000리   ○ 〈서안, 낙양〉

3. 조선(朝鮮)(준왕)-한(漢)(위만) 찬탈

BC194년 조선 준왕이 한〈연〉나라에서 도망 온 위만에게 상장과 하장을 지키도록 하였는데 그가 왕위를 찬탈한다. 준왕은 해(海)를 건너 한나라 수도였던 신정〈정주시(鄭州市) 신정시(新鄭市)〉으로 가서 마한을 건국한다.

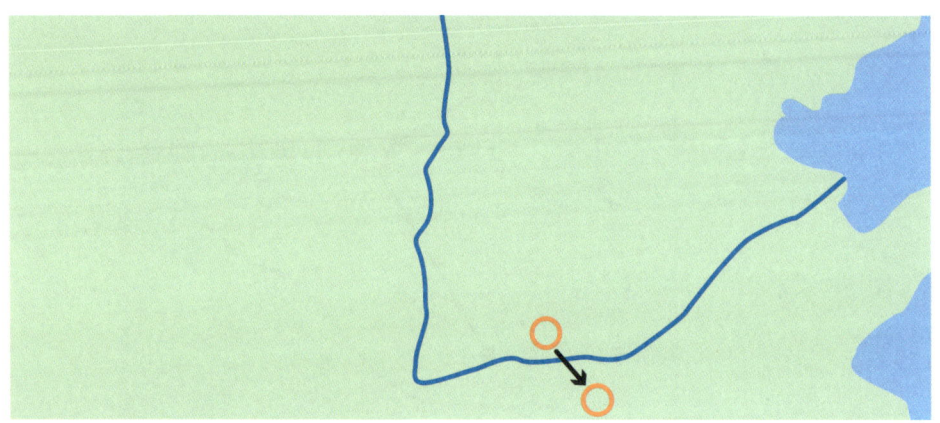

제원시〈조선〉 - 해(海) - 신정〈정주시〉

4. 조선(朝鮮)〈우거왕〉-한(漢)〈무제〉 전쟁

BC108년 한(漢) 무제가 제나라 임치에서 병사 50,000명을 모집해서 제나라 발해군〈창주시(滄州市) 맹촌자치현〉 내항에서 〈부(浮)발해〉하여 평양(왕검성)에 도착한 병사가 7,000명이었다. 열구(洌口)로 가던 중 조선 병사와의 전투로 43,000명을 잃은 것으로 볼 수 있다.

왕검성의 조선군이 한나라 군사 수가 적은 것을 보고 성을 나와 무찔렀다는 전쟁 기록이다.

공격로〈임치-발해군 내항-해(海)-왕검성〉

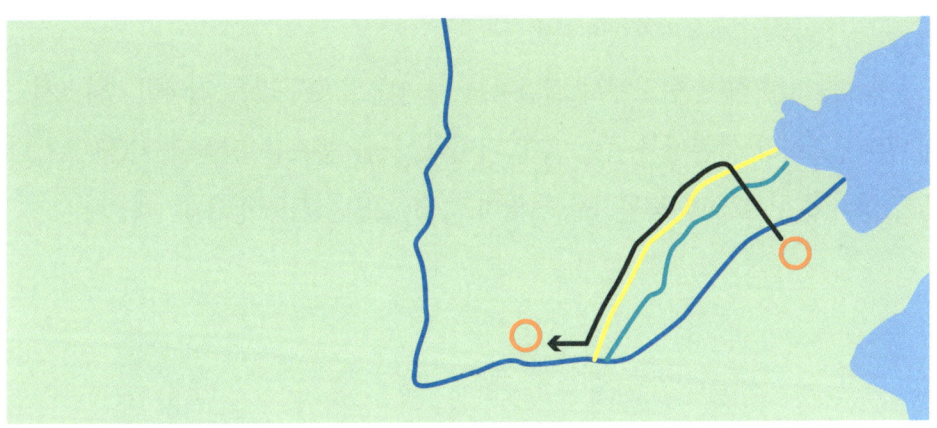

임치 - 황하 - 요수〈당 - 고구려 전쟁 당시〉 - 해(海) - 왕검성〈제원시〉

패수 상세도

위를 흐르는 강이 추수〈산수〉이고 그곳에 상장이 있다.
아래 흐르는 강이 패수〈습수〉이고 그곳에 하장이 있다.
위로 솟은 강이 열수이다. 3강〈습수, 산수, 열수〉이 열구(洌口)에서 만나서 열수로 흐른다.

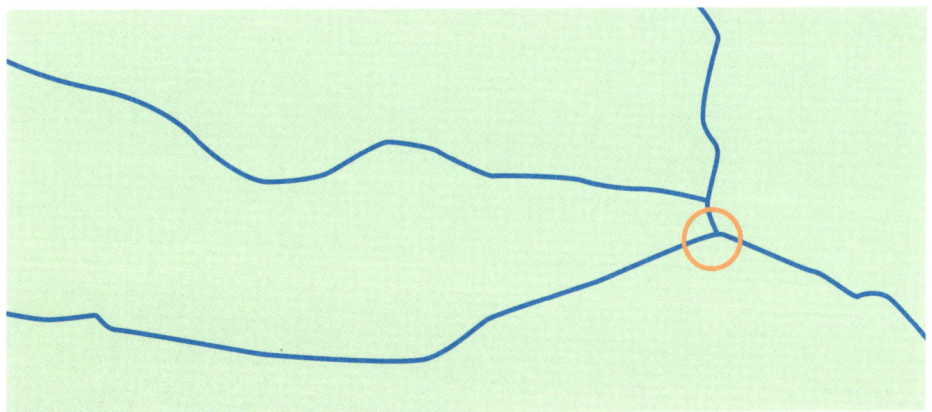

열구〈습수+산수+열수〉 - 〈패수-추수-열수〉

5. 고구려〈주몽〉 건국 전쟁

BC37년 동부여를 탈출하여 현도에서 말갈족을 몰아내고 고구려를 건국한 후 소서노를 만나게 된다. 그녀가 졸본땅을 주몽에게 바친다. 도읍 동도를 만들고, BC36년 다물 지역을 점령하고, BC29년 북옥저를 점령하고, BC28년 서도(평요)를 세운다.

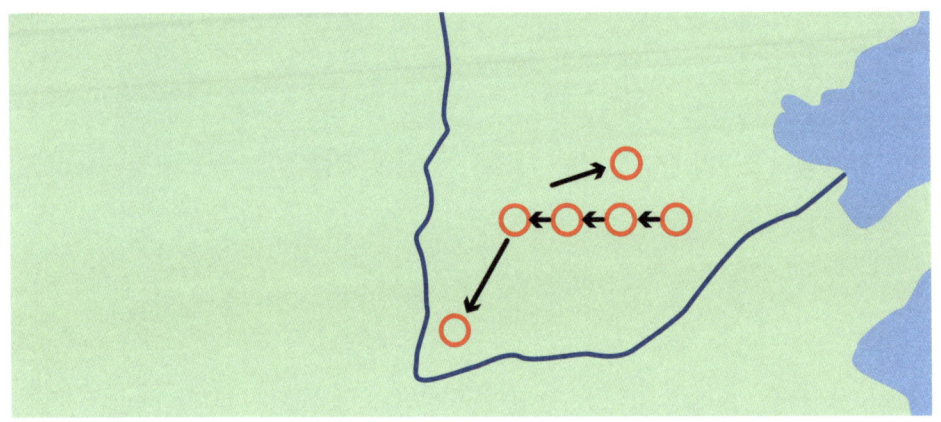

현도 - 동도〈개모성〉 - 졸본〈좌권현〉 - 서도〈평요〉 - 다물〈운성시〉 - 북옥저

6. 백제(온조)-〈말갈〉〈낙랑〉 침략

BC18년 백제를 건국하여 위례성〈직산현〉을 만든다.
BC6년 낙랑과 말갈로부터 공격을 당하자 도읍을 옮긴다.

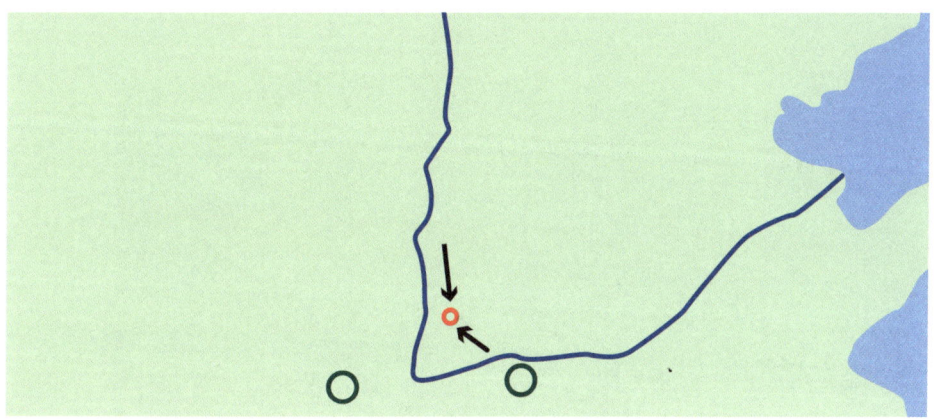

말갈 공격 - 위례성〈직산현〉 - 낙랑 공격   O 〈서안, 낙양〉

7. 백제(온조왕)-마한 3년 전쟁

BC5년 하남위례성〈정주시 등봉시〉으로 천도한다.
AD7년-AD10년 3년 동안 백제가 고구려의 지원으로 마한〈정주시 신정시〉을 공격하여 정복한다.

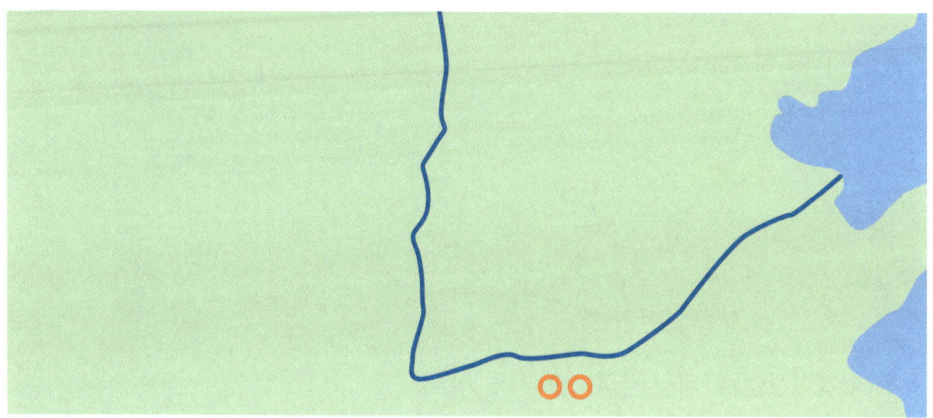

백제〈정주시 등봉시〉 - 마한〈정주시 신정시〉 50km

8. 신라〈계림〉(탈해이사금) - 백제(다루왕) 와산성 전투

AD59년 왜와 화친 하고 AD61년 마한의 장수 맹소(孟召)가 복암성(覆巖城)을 바치고 신라에 항복했다.
AD63년 10월 하남위례성의 백제 다루왕이 낭자곡성(娘子谷城)까지 땅을 개척하고 신라왕을 만나자고 하니 신라 탈해이사금이 거부한다.

AD64년 8월에 백제가 와산성(蛙山城)을, 10월에 구양성(狗壤城)을 공격했으나 신라가 기병 2,000명을 보내 방어했다.

AD65년 김알지가 계림〈하택시 성무현〉에서 나타나자 탈해이사금은 국호를 시림(始林)에서 계림(鷄林)으로 변경한다.

AD66년 백제는 다시 와산성(蛙山城)을 빼앗고 수비병 200명을 주둔시켰으나 신라가 곧바로 빼앗았다.

8.1 신라 (파사이사금) - 금관국 (수로왕) 마두성 전투

87년 신라가 서쪽으로 백제와 이웃하고 남쪽으로 가야와 접근하여 가소성(加召城)과 마두성(馬頭城)을 쌓았다.
94년 가야가 신라 마두성(馬頭城)〈안휘성(安徽省) 회남시(淮南市) 수현(寿县)〉을 포위하므로 기병 1000명으로 물리쳤다 일천에서 열병을 하였다. 96년 가야가 남쪽 변방을 침범하여 왕이 5000명을 이끌고 물리쳤다.
97년 가야를 치려다가 사신을 보내 사죄하므로 중지했다.

101년 2월 성을 쌓고 월성(月城)이라 이름하고 7월 왕이 그곳으로 이거 한다. 102년 금관국 수로왕의 중재로 땅을 음집벌국에게 주었다.

106년 8월 마두성주를 시켜 가야를 쳤다.

108년 사자를 10도에 보내 창고를 열어 곡식을 나누어 주었다.

회남시(淮南市)- 마두성(馬頭城)〈회남시(淮南市) 수현(寿县)〉-합비시(合肥市)

8.2 신라 (지마이사금) - 금관국 수로왕 황산하 전투

115년 가야가 남쪽을 침범하므로 신라 왕이 보기병을 데리고 황산하(黃山河)〈산동성 청도시(青島市) 평도시(平度市)〉를 지나가는데 가야 복병을 만나 뚫고 나갔다.

116년 장수를 보내 가야를 치게 하고 왕은 10,000을 거느리고 뒤따라갔으나 가야가 성문을 닫고 지켜서 돌아 왔다.

신라가 합비에 있고 금관가야가 양자강에 있다(?)

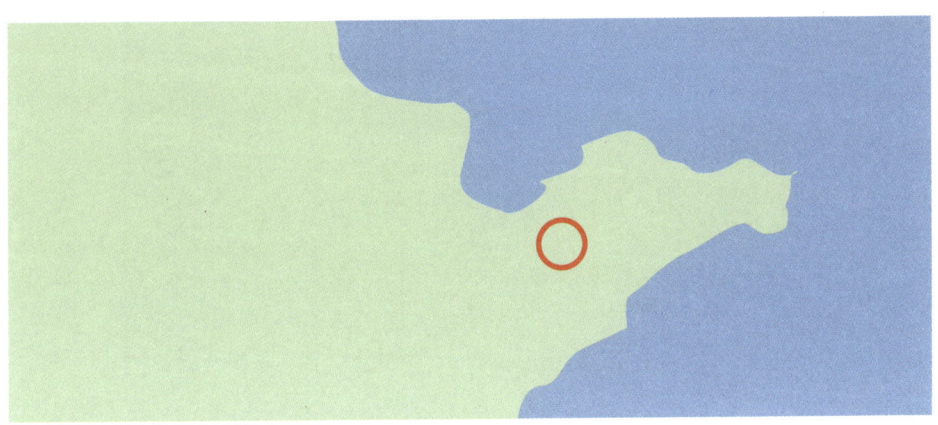
황산하(黃山河)〈청도시(青島市) 평도시(平度市)〉

8.3 신라(지미이사금) – 말갈

125년 말갈의 대부대가 북쪽 경계에 쳐들어와 백제에 구원을 요청하니 장군 5명이 도와주러 오자 말갈이 물러갔다.

8.4 신라(아달라이사금) – 백제 초고왕 한수(漢水) 전투

158년 죽령을 개통하고 왜인이 예방하였다. 160년 금성 북문이 무너졌다.

167년 백제가 서쪽 2개 성을 공격하여 1000명을 잡아가서 8월 일기찬에게 군사 20,000명을 주고 왕이 기병 8,000명을 인솔하여 한수(漢水)로부터 공격하니 포로를 돌려주고 화친을 청한다. 〈황하(海)를 한수(漢水)로 호칭한다.〉

173년 왜 여왕 비미호(卑彌呼)〈필리핀〉가 신라에 사신을 보내왔다.

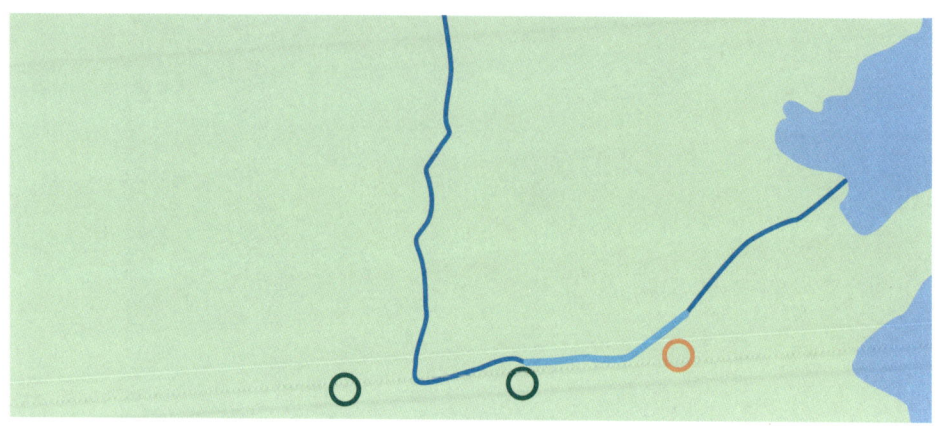
하택시 –낙양 〈한수로 하택에서 낙양 인근까지 쉽게 이동 할수 있다〉

9. 고구려(동천왕) – 위(조방)
9.1 고구려(산산왕) 계수 – 발기 내란 〈공손탁〉

배령(裴嶺)

196년 고국천왕 사후 왕후 우씨(于氏)가 산상왕을 택하자 발기가 반란을 일으켜 공손탁에게서 3만 명을 지원받아 197년 고구려로 쳐들어갔지만 동생 계수에게 패한 후 배천(裴川)〈하남성(河南省) 낙양시(洛陽市) 낙하(洛河)〉에서 자결한다. 산상왕은 계수(罽須)의 청을 받아들여 발기를 배령(裴嶺)〈하남성(河南省) 낙양시(洛陽市) 숭현(嵩县) 배령촌(裴嶺村)〉에 장사 지낸다.

발기가 낙양 배천으로 도주하고 배령에 장사 지낸다는 것은 낙양(洛陽)이 고구려 영역이기에 가능하다.

환도산성(丸都山城) 천도

204년 공손강이 등장하고 소노부(消奴部) 30,000 하호가 그곳으로 간다.
209년 산상왕이 환도산성(丸都山城)으로 들어간다.

왕후 우씨의 선택 50년 후에 수도 환도산성이 함락되고 고구려가 200년간 보통국가가 된다.

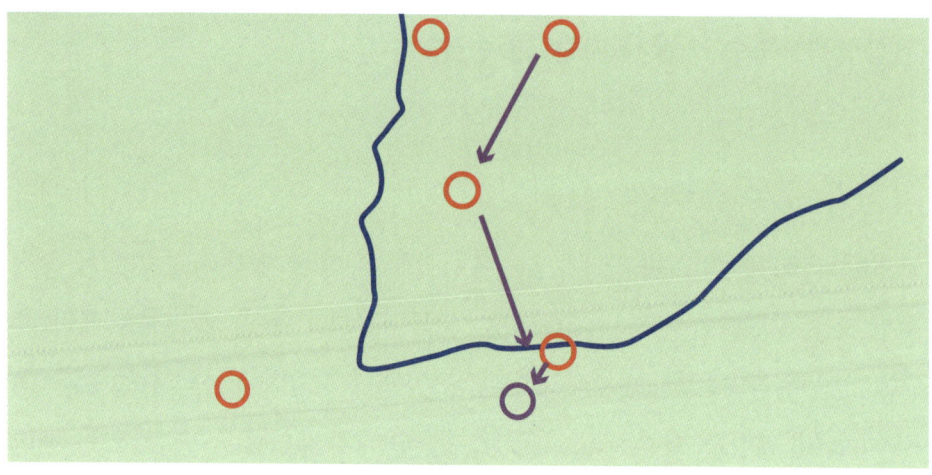

평요 – 임분 – 낙양 – 배천(裵川) – 배령(裵嶺)

9.2 고구려(동천왕) – 위(조방) 〈관구검〉 환도산성 전투

244년 관구검이 평양〈환도산성〉을 공격 함락한다.
247년 왕기를 왜 여왕 비미호(卑彌呼)〈필리핀〉에게 사신 보낸다.

9.3 고구려(동천왕) – 위(조방) 〈왕기〉 남옥저 전투

임분(临汾) 천도

245년 현도태수 왕기가 남옥저로 동천왕을 추격한다.
246년 동천왕은 남옥저에서 빠져나와
247년 환도산성에서 평양〈임분(临汾)〉으로 도읍을 이전한다.

이 시기에 남옥저에 잔류한 병사들이 신라를 공격 하여 침해왕(?) 혹은 미추왕(?)이 된다는 기록

10. 고구려(미천왕)-{낙랑+대방} 정복

미천왕(美川王)은 평양〈임분(臨汾)〉에서 313년에 낙랑군을, 314년에 대방군을 점령하였다.

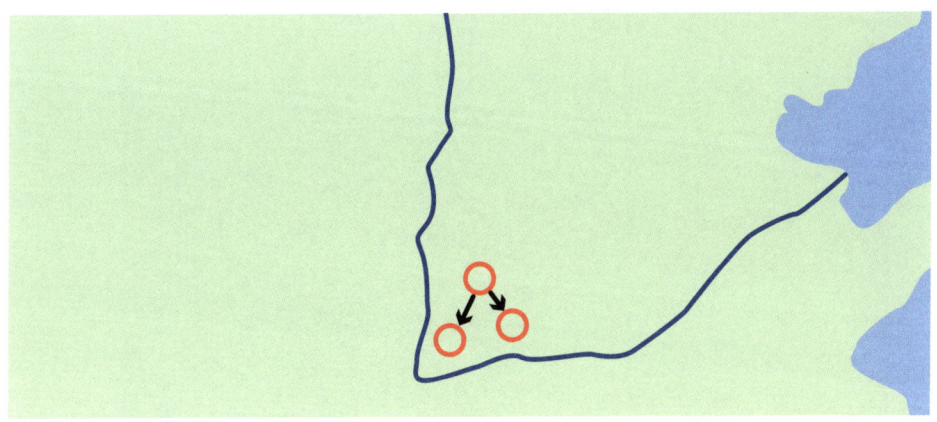

평양〈임분(臨汾)〉 - 대방〈운성시〉 - 낙랑〈원곡〉

11. 고구려(고국원왕)-전연(모용황) 환도산성 전투

342년 고국원왕이 임분에서 환도산성으로 수도를 옮기자 모용황이 용성〈복양시 화룡구〉〈화룡성〉으로 수도를 이전한 후 11월 고구려 환도산성을 공격하여 50,000명을 잡아가고 미천왕 시신을 탈취한다.

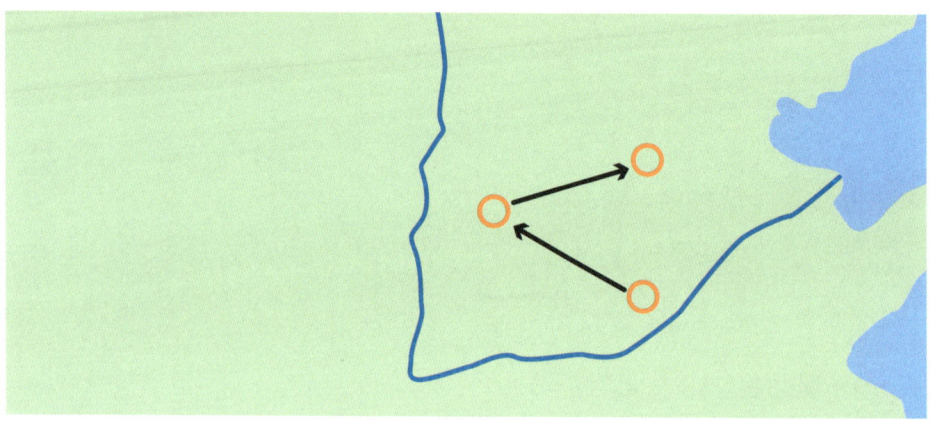

용성〈화룡성〉 - 환도산성 - 동황성

12. 근초고왕-{왜 가라 탐라〈대만〉} 정복

369년 봄, 근초고왕은 안라, 가라, 탁순 등 7개국을 복속시킨 후 남만의 침미다례〈광서 장족 자치구(廣西壯族自治區) 남녕시(南寧市) 옹녕구(邕寧区) 백제향(百济乡)〉를 정복한다. 탐라〈대만〉를 정복한 후 백제 왕자가 탐라 후왕(侯王)이 된다. 369년 탐라에서 사신이 백제에 가서 철정을 받아오고 372년 9월 백제를 방문한 탐라 사신이 돌아갈 때 칠지도 1자루와 칠자경 1개를 받아온다. 403년 백제왕이 탐라국에 아직기를 통해 말 2필을 보냈다. 404년 왕인을 보냈다. 662년 탐라와 왜는 백제 부흥운동에 참여한 후 실패하자 탐라국주 도동음률이 신라에 항복한다. 백제와 왜의 관계는 모두 탐라에서 이루어진다.

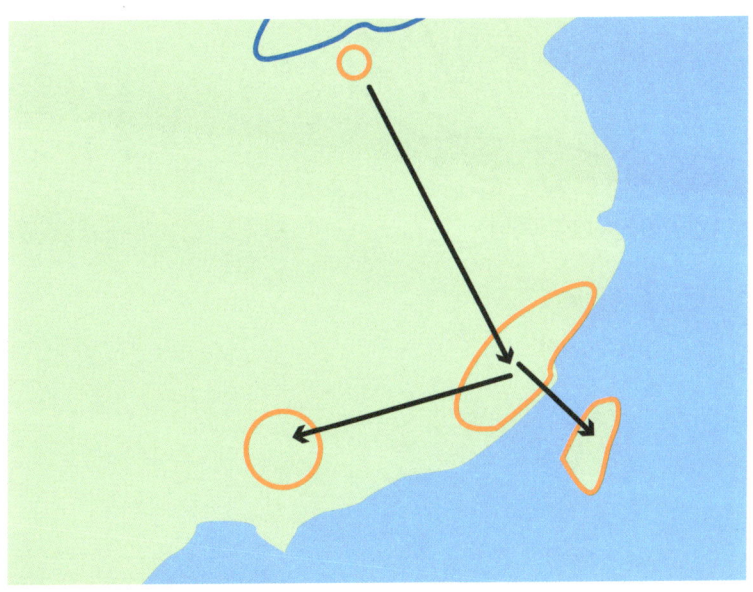

황하 - 하남위례성〈등봉시〉 - 복건성〈용암시〉 - 백제향 - 탐라〈대만〉

13. 백제(근초고왕)-고구려(고국원왕) 동황성 전투

343년 고국원왕이 평양〈동황성(東黃城)〉으로 이거한다.

371년 10월에 근초고왕이 정예 군사 3만을 이끌고 평양성〈동황성〉을 공격하자 고국원왕이 전투 중 사망한다.

371년 근초고왕이 한성(漢城)으로 도읍을 이전한다.

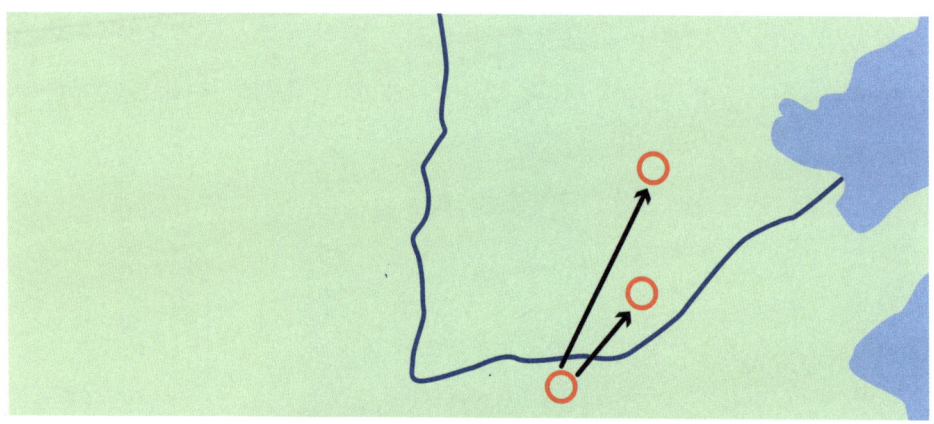

하남위례성〈등봉시〉 - 동황성〈안평현〉 - 한성〈복양〉

14. 고구려(소수림왕)-백제(근초고왕) 수곡성 전투

371년 소수림왕이 국내성(國內城)〈평요〉으로 도읍을 이전한다.
375년 소수림왕이 백제의 수곡성을 공격해 빼앗았는데 근초고왕이 상해를 당하고 이후 복수를 못 하고 사망한다.

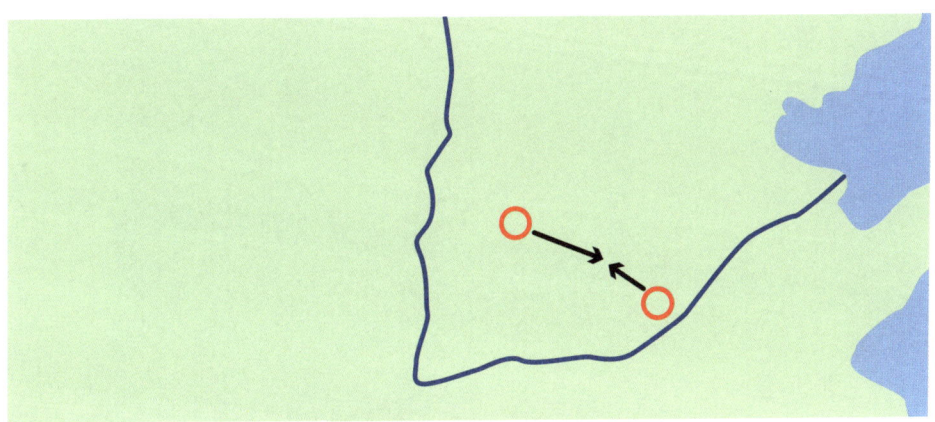

국내성〈평요〉 - 수곡성 - 한성〈복양〉

15. 고구려(소수림왕)-백제(근구수왕) 국내성 전투

377년에는 백제 근구수왕이 군사 3만 명을 거느리고 평양성〈평요〉으로 재차 침공해 왔지만 소수림왕이 막아내고, 11월에 이를 보복하기 위해 백제를 침공하였다.

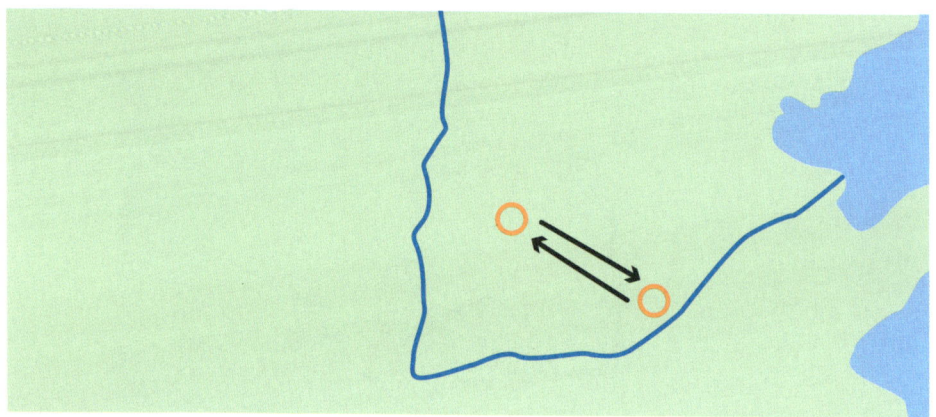

국내성〈평요〉 - 한성〈복양〉

16. 고구려(광개토태왕)-다물 정복

산서 남부 지역 염전이 있는 곳이 안읍(安邑)이고 고구려의 다물 지역이다. 395년 패려의 부산(富山), 부산(負山)을 지나 염수의 상류에 이르러 3개 부락, 700개 영(營)을 격파하고 소와 말, 양을 많이 얻었다.

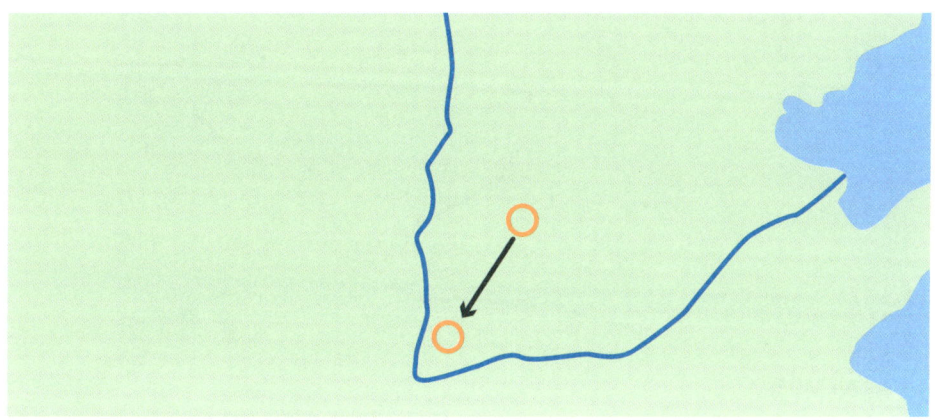

평양〈평요(平遙)〉 – 운성(运城)〈안읍〉

17. 고구려(광개토태왕)-백제(아신왕) 한성 전투

396년 영락 6년에 왕이 몸소 수군을 이끌고 백제를 토벌하였다. 아신왕이 남녀 포로 1천 명과 삼베 1천 필을 바쳐 항복하였다. 58개 성, 700개 촌을 얻었다.

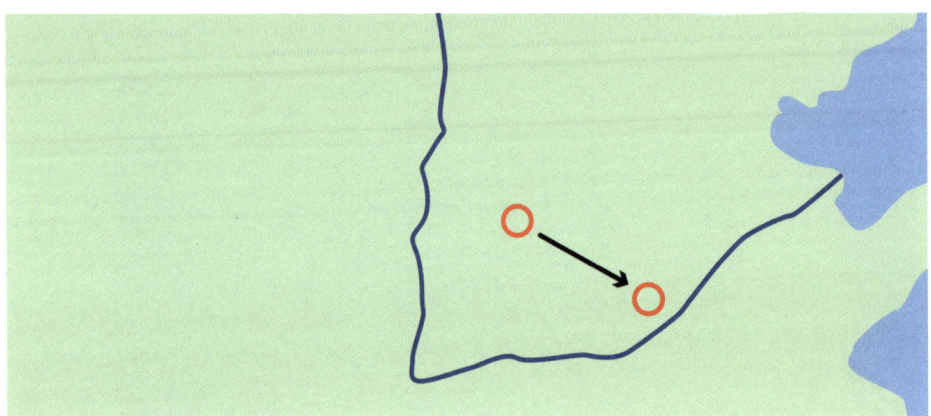

평양〈평요〉 - 한성〈복양〉

18. 고구려(광개토태왕)-왜 신라성 회복

400년 고구려 광개토태왕이 서구와 해성에게 보병과 기병 5만을 주고 신라를 구원하게 했다. 남거성(男居城)을 거쳐 신라성〈복건성 용암시 신라구〉에 도착해 왜적을 쫓아서 임나가야 왜의 종발성(從拔城)을 정복하였다. 〈임나〉, 〈안라〉, 〈가락〉이 광개토태왕에게 사신을 보냈다는 기록이 있다.

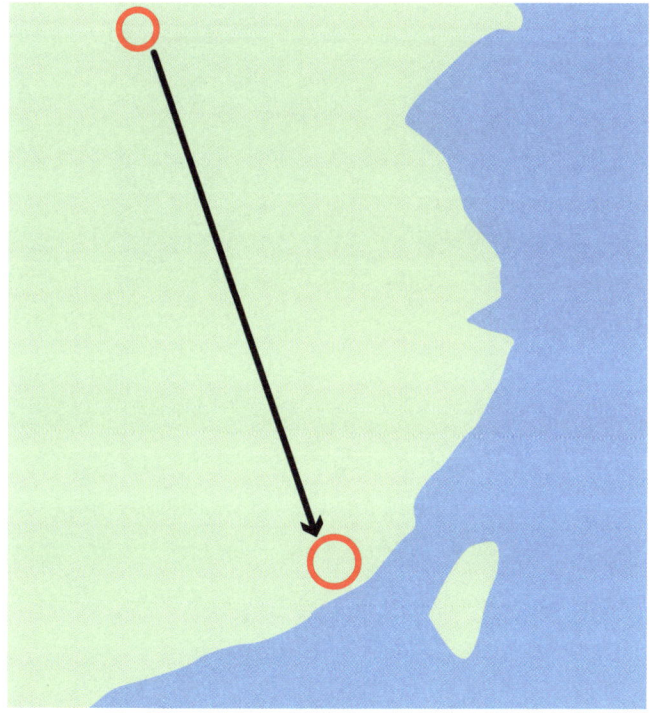

평양〈평요(平遙)〉 – 용암시〈신라성〉

19. 고구려(광개토태왕)-동부여 여성(餘城) 토벌

411년 고구려 광개토태왕이 직접 동부여의 도읍인 여성(餘城)〈장치시(長治市) 여성현(餘城縣)〉을 토벌하였다. 성(城)이 64개, 촌(村)이 1,400개였다.

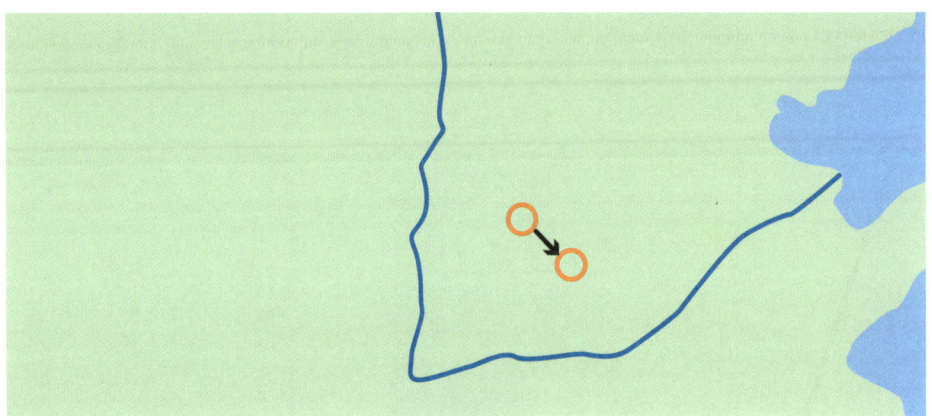

평양〈평요(平遙)〉 - 려성〈장치시 여성〉〈동부여〉

20. 고구려(장수왕)-백제(개로왕) 한성 전투

475년 고구려 장수왕이 백제의 한성(漢城)을 공격하여 점령하고 개로왕을 아단성에서 처단한다.

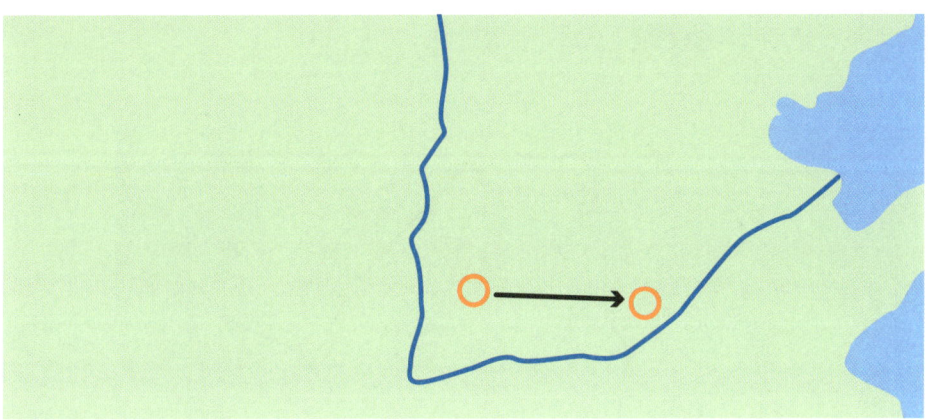

평양〈임분〉 - 한성〈복양〉

21. 백제(동성왕)-북위(효문왕) 전쟁

488년 백제 동성왕 당시 수도는 웅진〈태안시(泰安市) 비성시(肥城市)〉이다. 백제를 침공한 북위〈대동시 평성구〉의 기병을 사법명(沙法名)을 시켜 격퇴한 후 하북 지역에 〈광양태수, 조선태수, 대방태수, 광릉태수, 청하태수〉를 임명한다. 사법명(沙法名)은 매라성(邁羅城)〈충남 부여군〉 매라왕(邁羅王)으로 임명한다.

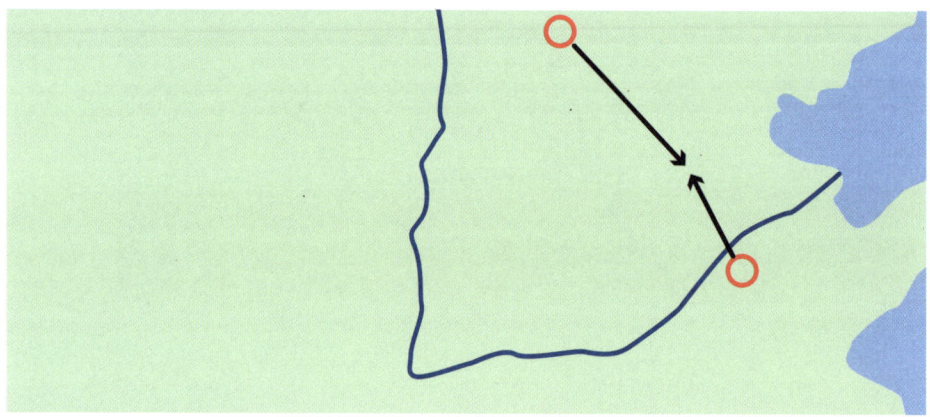

대동시 - 요동 - 웅진

22. 고구려(영양왕)〈온달〉-신라(진평왕) 아단성 전투

590년 영양왕 때 고구려 양원왕이 신라 진흥왕에게 553년 빼앗긴 죽령 서쪽 땅을 수복하고자 온달 장군이 출병하였으나 아단성에서 적병이 쏜 화살에 맞고 전사한다. 아단성(阿旦城)은 고구려 장수왕 때 개로왕을 처단한 곳이다. 한성과 아단성과 죽령군이 가까이 있음을 알 수 있다.

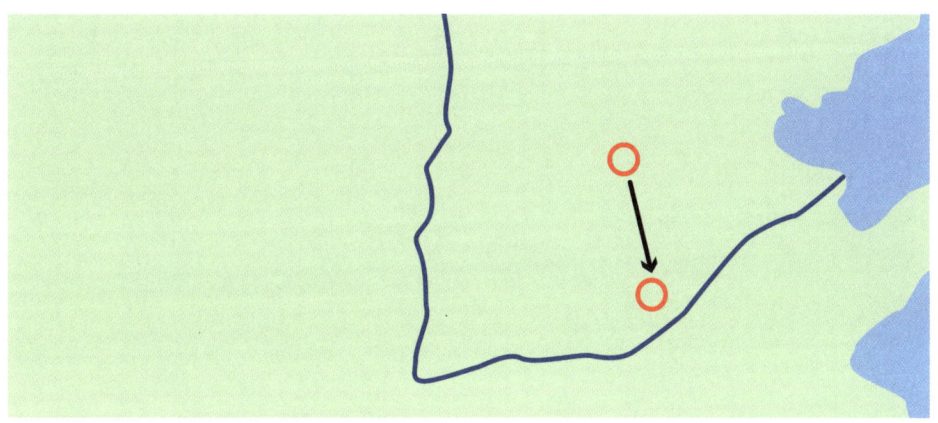

평양(장안성) – 아단성 – 한성〈복양〉

23. 고구려(영양왕)-수(문제) 살수 전투

612년 1월 수문제가 고구려를 침공하였으나 수나라군이 요하를 건너는 데 2달이 걸렸으며 수개월간 요동 20여 개의 성(城) 중 한 곳도 함락하지 못했다.

우문술은 부여도(扶餘道)〈하택시(菏泽市) 동명현(东明县)〉로 진군한 후 요동성〈형수시 고성(故城)현 고성진(故城镇)〉을 우회하여 살수〈옛(海) 황하〉를 건너 평양〈장안성〉 공격을 시도하지만, 을지문덕에 의해 막혀 퇴각한다. 612년 7월 수나라군이 살수를 건너 퇴각할 때 을지문덕에 의해 전멸당한다. 9군이 요동성을 출발할 때는 30만 5천 명이었는데 요동성으로 살아 돌아온 자는 2,700명이다.

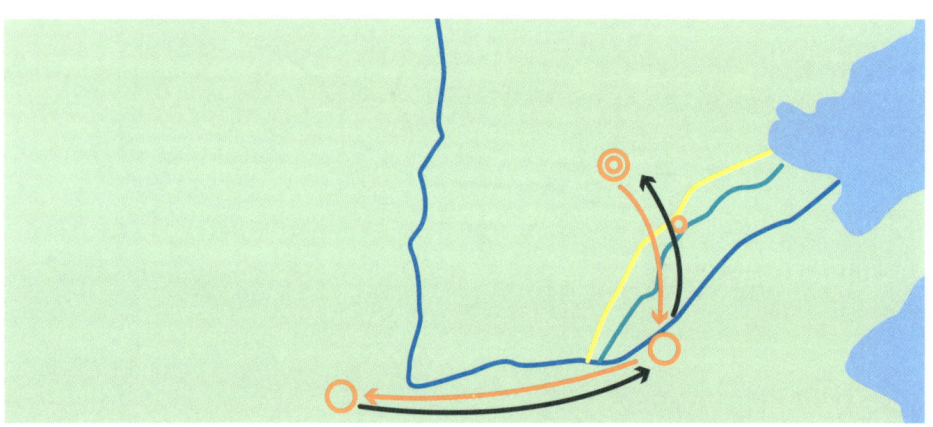

유성 - 요수 - 고성(요동성) - 살수 - 호타하 - 평양(장안성)〈직정부〉

24. 고구려(보장왕)-당나라(태종) 제1차 전쟁

645년 2월 유주에 병력을 집결시켜서 3군대로 진격한다. 이도종은 군사 수천 명을 거느리고 고구려의 신성을 10여 일간 공격하였으나 신성은 정복에 실패하였다. 개모성의 당나라 장수 위정은 매일 밤 북과 함성을 들었다고 기록을 남긴다.

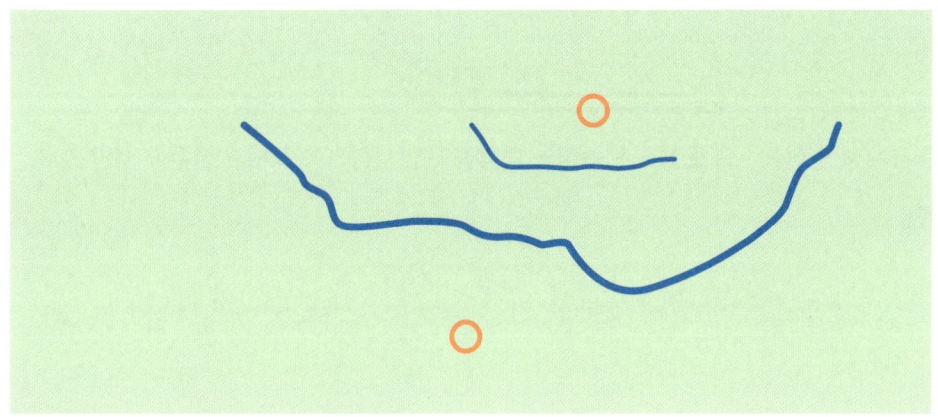

개모성〈上〉- 신성〈下〉 거리〈20km〉
〈개모성은 평지성이고 신성은 강건너 높은 산성이기에 전투 소리가 들린 것이다〉

이 세적과 도종이 개모성〈형태(邢台)시〉을 빼앗고, 개모성을 개주(蓋州)로 개칭하였다.

장검이 요수를 건너 건안성〈형태시 광종현〉을 공격한다.
장량이 당 수군을 거느리고 산동의 비사성(卑沙城)을 습격하여 점령한다.
요동성(遼東城)〈진중시 좌권현(左权县) 요양진(辽阳镇)〉을 공격하여 점령한다. 당 태종이 요동성을 요주(遼州)로 개칭한 후 뒤이어 남쪽의 백암성을 정복한 후 암주(巖州)로 개칭한다. 당 태종이 안시성(安市城)에서 패하고 하택〈산동성 하택시(菏泽市)〉으로 도주한다.

당 태종 공격로

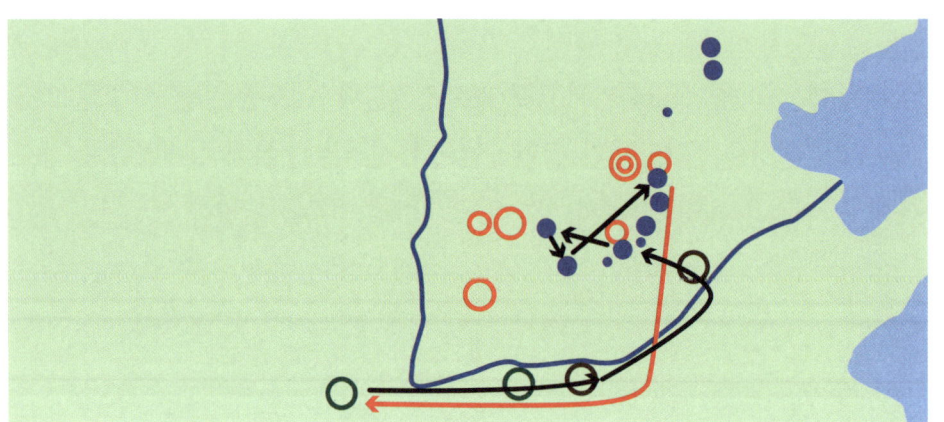

서안 - 정주 - 유성 - 신성 - 개모성 - 요동성 - 백암성 - 안시성 - 하택시 - 정주 - 서안

O〈서안, 낙양〉

25. {신라(무열왕)〈김유신〉+당(고종)〈소정방〉}-백제(의자왕) 전쟁

660년 김유신 장군이 양곡(暘谷)〈유성시(聊城市) 양곡현(阳谷县)〉을 출발하여 정예 군사 5만 명을 거느리고 남부여〈사비성(泗沘城)〈연주부(兗州府〉 방면으로 진격했다. 소정방은 덕물도〈제녕시(濟寧市) 미산현(微山縣) 미산도(微山岛)〉로 와서 사비성으로 진격한다. 백제 의자왕이 웅진에서 항복했다.

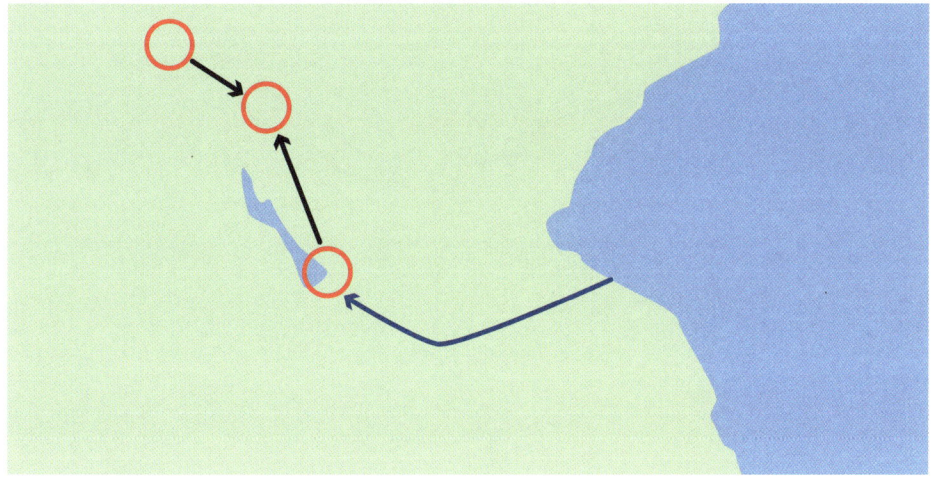

양곡〈양곡현〉〈우이〉 - 연주구〈사비성〉 - 덕물도〈미산도〉 - 백강구〈회하구(淮河口)〉

26. 고구려(보장왕)-당(고종) 장안성 전투〈해상 침공〉

661년 당나라는 44만을 6개 부대로 편성하여 호타하에서 해상으로 평양(장안성) 침공을 시도하지만 662년 패퇴한다.

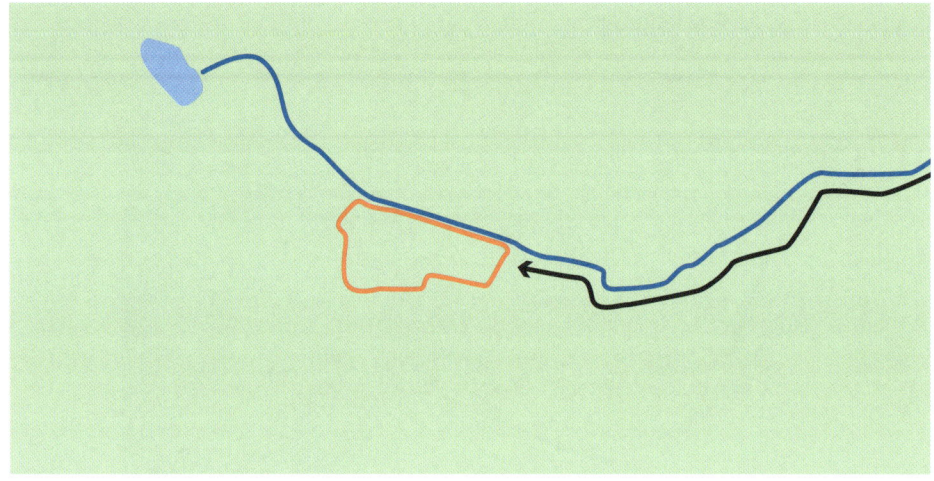

호타하 – 평양(장안성)〈석가장시〉

27. 당+신라 – 백제 부흥군 + 왜 백강구 전투

회하구(淮河口)가 663년 〈백제, 왜〉와 〈당, 신라〉 간 해상전이 있었던 백강구(白江口)이다. 백강은 회수(淮水)의 북서쪽 한 갈래이다.

663년 〈백제 부흥군과 왜〉와 〈당과 신라〉가 백강구〈강폭 10리, 4km〉에서 해상 전투를 한다. 왜선 400척이 불타 침몰한다.

대청광여도를 보면 서추산(西鄒山)이 있는 회하구(淮河口) 폭이 10리로 기재되어 있고 사비성〈연주부〉으로 갈 수 있다. 지금은 강 흐름이 변경되어 당시를 잘 알 수 없다.

2011년 강소성(江蘇省) 연운항(連雲港)에서 790기의 백제계 돌방무덤이 발견되었다. 원래는 2000기라고 한다. 663년 연운항 백강구 전투 중 사망한 백제군사의 무덤으로 볼 수 있다.

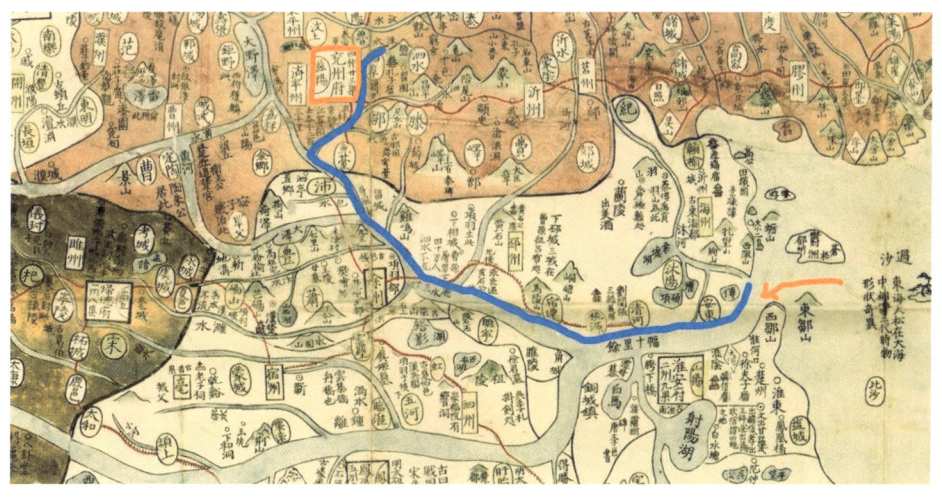

백강구〈사수〉 – 사비성〈연주부(兗州府)〉

28. 고구려(보장왕)-{당(고종)+신라(문무왕)} 전쟁

665년 연남생이 당에 투항하자 666년 12월 당 고종은 이세적을 요동도 행군대총관으로 임명하고 고구려를 공격한다. 신성(新城)(천리장성)과 주변 16성을 함락시키고 668년 2월 20일 부여성을 점령한다. 부여성 주변 40여 성이 모두 항복한다.

668년 6월 신라 문무왕은 김흠순과 김인문을 장군으로 군사를 출동시키자 고구려 남부의 군사 요충지였던 대곡성(大谷城)과 한성(漢城) 등 2군 12성이 항복한다. 신라군은 668년 9월 평양에 주둔하고 있는 당나라 군대와 장안성을 포위하자 승려 신성(信誠)이 성문을 열었다.

당은 고구려를 〈9도독부 42주 100현〉으로 만들고, 평양(장안성)에 안동도호부를 설치하고 설인귀(검교안동도호)와 군사 20,000명을 주둔시켰다.

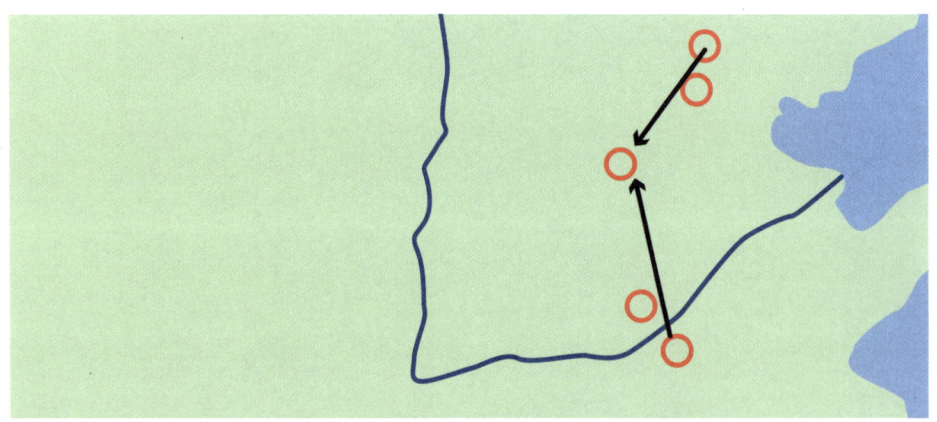

하택시 - 한성(복양) - 평양(平壤) 장안성   신성 - 부여성 - 장안성

29. 신라(문무왕)-당(고종) 매소성 전투

672년 당나라가 신라에 대한 침략을 개시했으나 호로하에서 신라가 승리한다. 675년 당나라 이근행이 20만 군사를 이끌고 매소성에 진을 쳤다. 당군은 말 30,380필과 무수한 병기를 남겨 놓고 도망갔다.

현도성〈형수시(衡水市) 요양현(饶阳县)〉을 매소성으로 볼 수 있다.

676년 당나라 설인귀의 20만 군사와 기벌포 전쟁에서 신라가 승리한다.

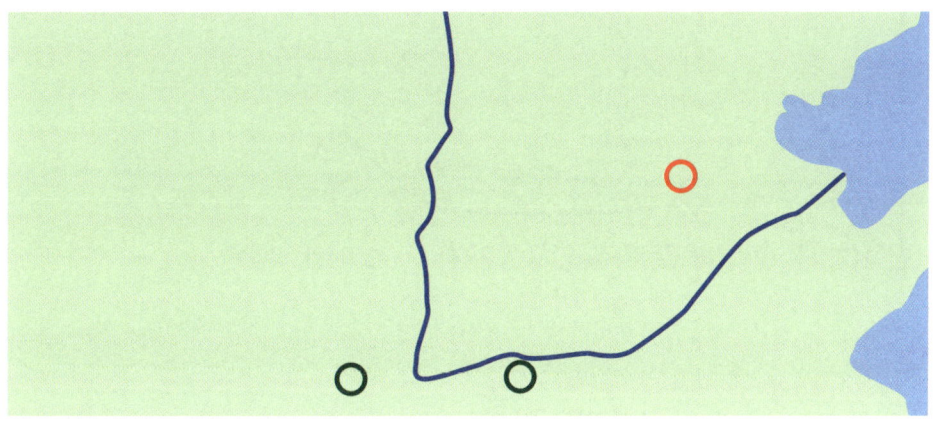

요양현〈현도〉〈매소성〉〈서안 - 낙양〉   〈서안, 낙양〉

30. {당(헌종)+신라(헌덕왕)}-제나라(이사도) 운주전투

819년 헌덕왕 11년 당 헌종의 요청에 의해 운주〈태안시(泰安市) 동평현(东平县) 신호진(新湖镇)〉 절도사 이사도를 토벌한다. 당의 양주절도사 조공과 신라 김웅원이 군사 30,000명을 데리고 제나라〈이정기가 산동성 청주에 765년 건국〉 운주를 토벌한다.

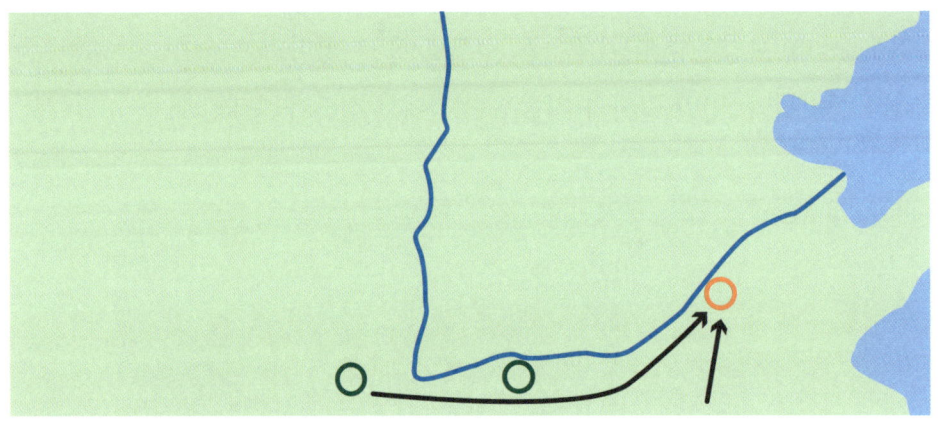

당〈서안〉 - 신라〈합비〉 - 제나라〈운주〉〈태안시 동평현〉   ○〈서안, 낙양〉

31. 고려〈왕건〉-후백제〈견훤〉 전쟁
{나주 전투+공산 전투+고창 전투+대우도 전투+해산성 전투}

금성(錦城)〈나주(羅州)〉 전투〈동남풍〉

903년 왕건이 100여 척의 배로 금성을 향해 출발하여 해도(海島)〈홍콩섬〉 출신 수달〈능창〉이 지키는 고이도(古耳島)를 점령한 후 광주 인근 덕진포(德津浦)로 들어가서 금성산성(錦城山城)〈광동성 양강시(阳江市) 양서현(阳西县) 해릉산(海陵山)〉〈해릉도(海陵島)〉을 동남풍을 이용하여 화공으로 공격한다.

나주성(羅州城)〈호북성(湖北省) 황강시(黃冈市) 기춘현(蘄春縣)〉이 양자강에도 있기에 이 전쟁이 양자강에서 일어난 것일 수도 있다. 덕진포(德津浦)를 찾아야 전장을 알 수 있다.

나주(羅州)

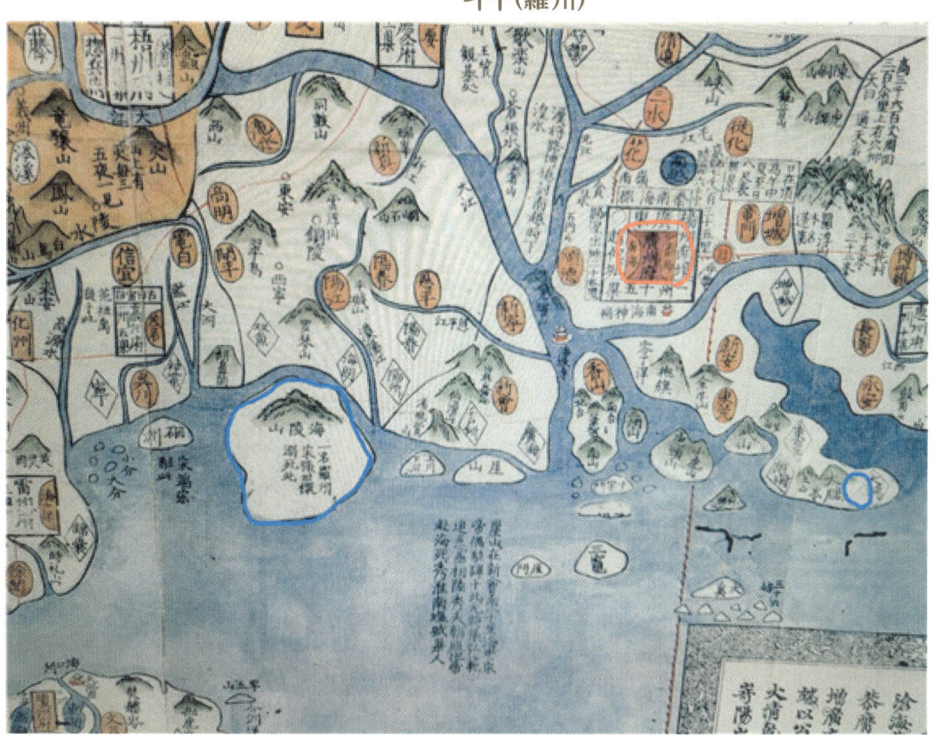

해릉도(海陵島) - 광주 - 홍콩 해릉도를 나주라고 기재

백제 임존성 공격

925년 10월 유금필은 연산진과 임존성까지 진격

신라 합비 공격

927년 11월 견훤이 신라 합비로 가서 경애왕을 죽이고 경순왕을 세웠다.

공산 전투

927년 11월 팔공산(八公山)〈안휘성(安徽省) 회남시(淮南市) 팔공산구(八公山区) 팔공산진(八公山镇)〉에서 후백제 견훤(甄萱)과 태조 왕건(王建) 사이에 전투가 벌어진다. 왕건이 승리한다.

고창전투

930년 1월 왕건의 부대가 고창(古昌)〈안동〉〈복건성(福建省) 복주시 (福州市) 고루구(鼓樓區)〉전투에서 견훤의 20,000명 군사를 무찌른다.

견훤은 후퇴하면서 순주성(順州城) 〈광동성 광주시 증성구(增城区) 순주(順州)〉을 공격하고 그곳 주민을 전주(全州) 〈광서장족자치구(廣西壯族自治區) 계림시(桂林市) 전주현(全州縣) 전주진(全州镇), 봉황향(凤凰乡)〉로 이끌고 간다. 왕건이 순주성(順州城)을 회복하고 순주(順州)를 하지현(下枝縣)으로 강등시킨다.

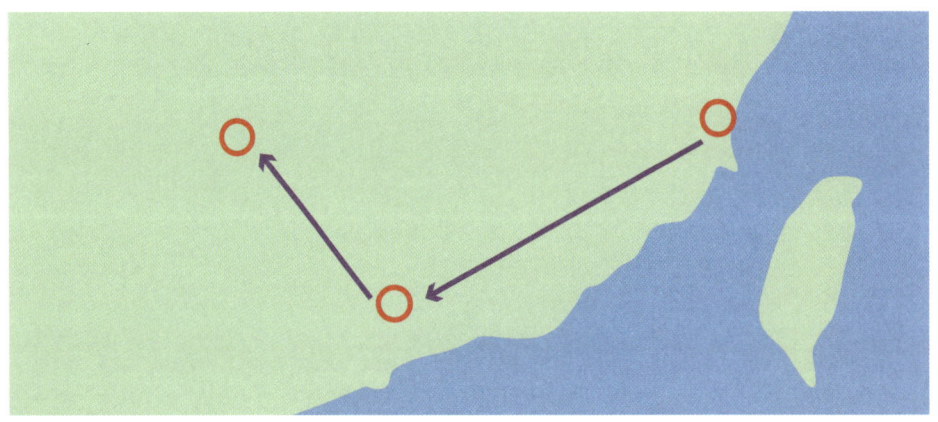

고창〈안동〉 → 순주성 → 전주

임해전 잔치

931년 2월 왕건이 50인을 데리고 신라 합비로 가서 3개월을 머문다. 임해전에서 잔치를 연다.

개경 공격〈예성강 공격〉

932년 9월 신검과 상귀(相貴)가 개경 공격을 위해 수군으로 예성강(禮成江)에 침입하여 화공으로 고려 수군 배를 공격한 후. 개경 공격하였으나 패퇴한다. 염주(鹽州) 백주(白州) 정주(貞州)에서 고을의 배 100척을 불사르고 저산도(猪山島)에서 기르던 말 300필을 취하여 돌아왔다.

대우도(大牛島)

932년 겨울 10월 견훤의 해군 장군 상애(尙哀) 등이 대우도(大牛島)〈산동성(山東省) 위해시(威海市) 영성시(榮成市) 大牛島〉를 공격한다.

해산성(海山城)

933년 5월 신검이 해산성(海山城)〈산동성 청도시(青島市) 시북구(市北区) 요녕로가도(辽宁路街道)〉를 공격한다.

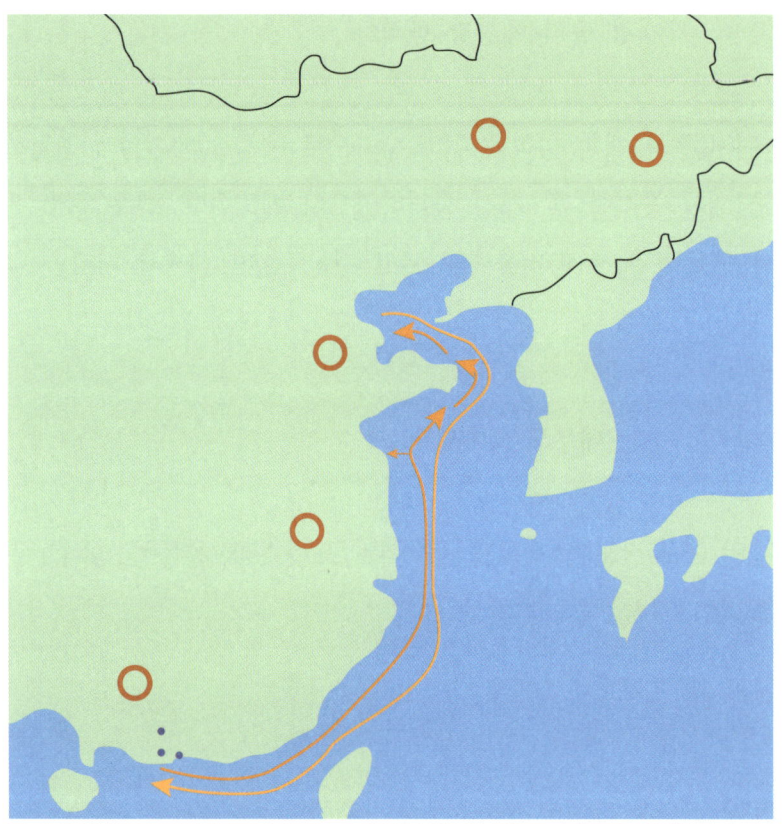

903년 광주 덕진포〈금성, 나주〉 - 925년 임존성 - 927년 공산〈팔공산〉 - 929년 고창〈안동〉 -932년 예성강〈개경〉 - 932년 대우도 - 933년 해산성 - 934년 운주성

운주성(運州城)

934년 대광현〈대인선 아들〉이 수만을 거느리고 고려〈왕건〉로 투항
934년 9월 왕건이 유금필과 5,000명 병사를 거느리고 운주성(運州城)〈태안시(泰安市) 동평현(东平县) 신호진(新湖镇)〉에서 견훤의 5,000명 군사와 싸워 크게 이기자 웅진(熊津) 이북의 30여 성(城)이 항복하였다.

신검 변란

935년 3월 신검이 견훤을 금산 절에 가두고 아우 금강을 죽였다.

나주 재정복

935년 4월 유금필이 나주 40여 성을 6년 만에 다시 정복 했다. 왕건이 예성강까지 나가 맞았다.

경순왕 항복

935년 10월 김부〈경순왕〉가 입조를 요청하였다. 11월 3일 신라왕이 왕도를 출발하자 수레와 보마가 30리에 걸쳐서 도로가 꽉 찼다. 935년 12월 12일 신라왕이 뜰에서 알현 신라국을 폐지하고 그 지역을 경주라고 하여 김부의 식읍으로 하사했다. 장녀 낙랑공주를 아내로 주었다.

후백제 멸망

936년 음력 9월 견훤을 앞세운 왕건의 공격으로 신검이 항복하여 후백제는 패망하였다.

32. 요(성종)-⟨발해⟩⟨후당⟩⟨후진⟩⟨북송⟩ 전쟁
고려(성종)⟨서희⟩-요(성종)⟨소손녕⟩ 강동 6주 획득
고려(현종)⟨강조⟩-요(성종) 통주 전투
고려(현종)⟨강감찬⟩-요(성종)⟨소배압⟩ 귀주 전투
고려(예종)⟨윤관⟩-여진 전쟁⟨동북 9성⟩
금(金)-⟨요(遼)⟩⟨북송⟩⟨남송⟩ 전쟁

907년 당(唐) 그리고 935년 신라 멸망으로 5대 10국 혼란기 시대가 오고 ⟨요, 여진, 고려, 송⟩으로 재편된다.

상경용천부 ⟨발해⟩

야율아보기가 916년 거란(契丹)을 건국한 후 926년 발해를 점령한다.

연운 16주

936년 석경단이 후당을 멸망시킬 때 거란이 50,000 군사를 지원한다.
937년에 후진으로부터 연운십육주를 얻는다.

개봉 〈후진〉

947년 대요 2대 황제 야율덕광이 후진의 개봉을 함락하여 멸망시킨다.

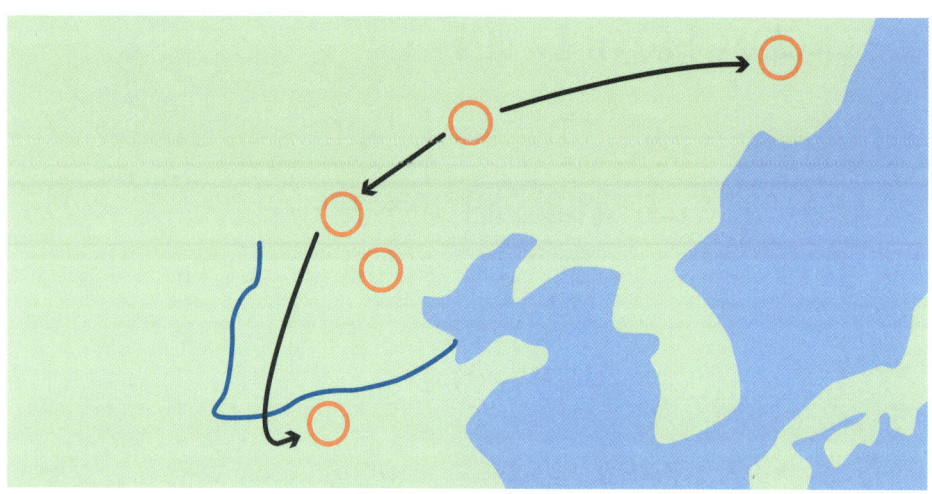

상경임황부 – 상경용천부 – 연운 16주 – 상경임황부 – 개봉

고려영(高丽营)

〈북경시(北京市) 순의구(顺义区) 고려영진(高丽营镇)〉이 고려영이다.
강동 6주와 동북9성을 총괄 관리했을 것이다.

강동 6주

993년 요나라(거란)의 침입 때 서희가 소손녕과 담판하여 북평 인근을 흐르는 영정하와 조백하를 기준으로 하여 동쪽 280리 거리 안의 강동 6주를 돌려받는다.

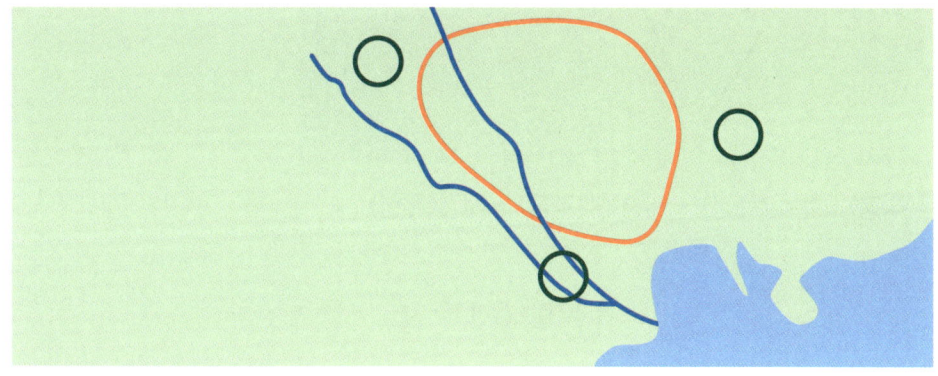

영정하 조백하 〈북경, 천진, 당산〉 내(內) 〈통주〉 포함

통주(通州) 전투

1010년 거란 성종이 침공하자 강조는 고려군 30만을 이끌고 통주에 주둔한다. 거란 성종은 흥화진을 거쳐서 20만으로 통주로 진격하여 강조를 잡아 죽이고 서경을 지나 개경을 공격해 함락하고 회군한다.

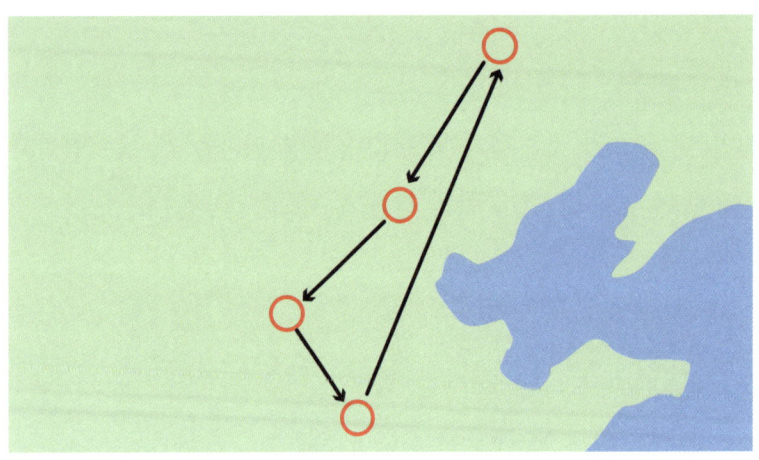

상경 임황부〈적봉〉- 통주〈북경〉- 서경 〈석가장〉- 개경〈유성〉

귀주(龜州)전투

1018년 12월 소배압이 10만 대군으로 다시 고려를 침공하였으나 강감찬이 소배압 군을 추격하여 석가장시 북쪽으로 도주 중에 호타하(滹沱河)〈타하(陀河)〉를 건너면서 공격당하고 귀주〈 하북성(河北省) 정주시(定州市)〉에 들어서면서 벌판에서 전투로 궤멸 당하고 대사하(大沙河)〈다하(茶河)〉를 건너가면서 잔당이 소탕된다. 북쪽 당하(唐河)를 건너 2,000명만 살아서 거란으로 도주한다.

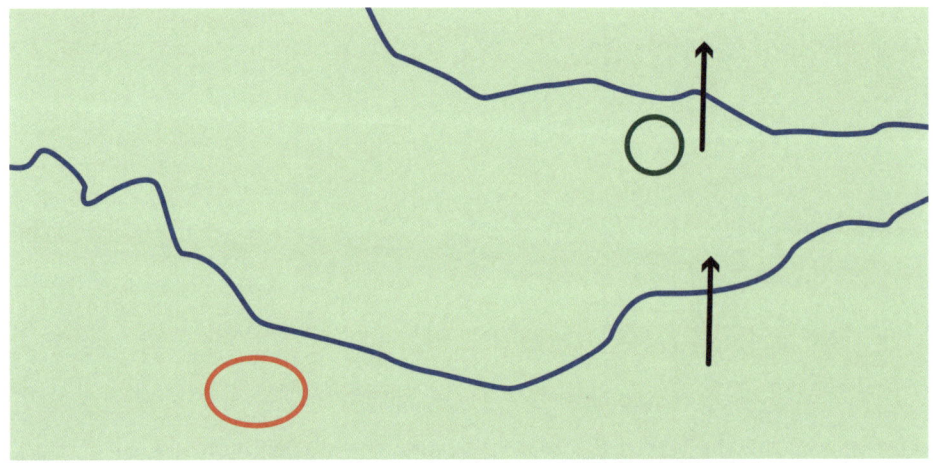

석가장시-호타하〈타하(陀河)〉-귀주벌판 전투 -대사하〈다하(茶河)〉

천리장성

1031년 성종 사망으로 요와의 전쟁이 종식된 후 고려 덕종 때 유소가 시작하여 정종 때까지 〈1033년-1044년〉 천리장성을 쌓는다. 출발지가 영원성(宁远城)〈요녕성(遼寧省) 호로도시(葫蘆島市) 흥성시(兴城市)〉이고 도착지가 삭성(朔城)〈산서성(山西省) 삭주시(朔州市) 삭성구(朔城区)〉으로 거리가 600km이다. 현재 산해관에서 시작하는 만리장성과 위치가 비슷하다.

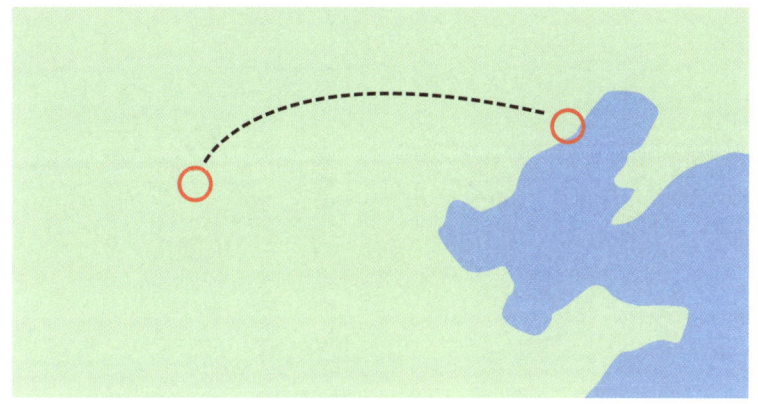

삭성(朔城)〈산서성 삭주시(朔州市)〉 - 영원성(寧遠城) 600km

혼일강리역대국도〈규장각〉

1381년 명나라가 만리장성을 산해관(山海關)으로 확장 하기전, 1405년 정화 대원정 전에 원과 고려에 의해 간행된 지도를 근거로 1402년 태종이 간행한다. 지도상 장성이 현재 만리장성이 축성되기 이전 1044년에 고려가 축성한 천리장성〈빨강색〉임을 알 수 있다.

동북 9성

1107년 윤관이 17만을 이끌고 천리장성 동북방의 여진족을 정벌하고 9성〈함주, 복주, 영주, 길주, 웅주, 통태진, 진양진, 숭녕진, 공험진〉을 수축한 후 1109년 공험진에서 여진에게 참패를 당한다. 9성 위치를 조양시(朝陽市), 부신시(阜新市), 금주시(錦州市)로 추정해볼 수 있다. 여진과 요하(遼河)를 경계로 한다.

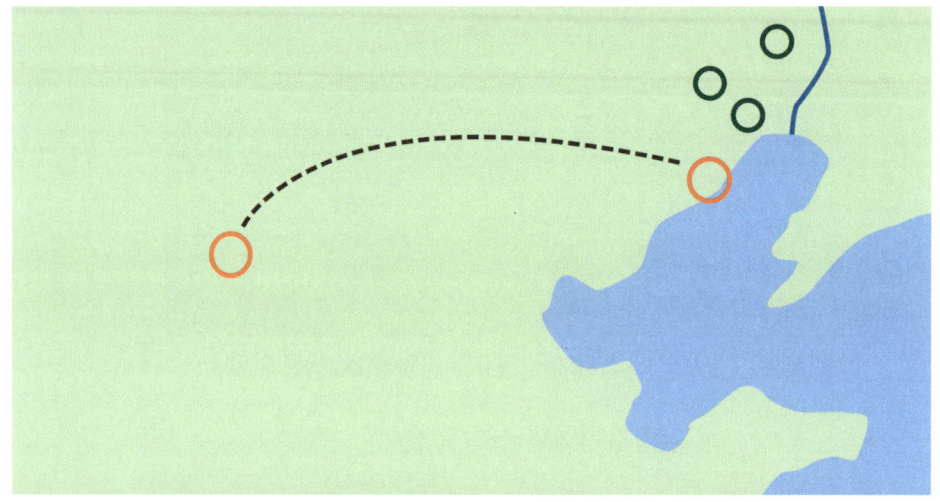

천리장성 - 동북 9성〈조양(朝陽), 부신(阜新), 금주(錦州)〉- 요하(遼河)

상경임황부 〈요〉

1115년 완안부 여진이 고려로부터 동북 9성을 돌려받은 후에 요(遼)의 〈상경 임황부〉를 점령한다. 만주 전역을 지배하게 되자 국가명을 금(金)으로 변경한다.

개봉 〈북송〉

1126년 금나라가 북송의 수도 개봉(開封)을 점령한 후 1127년 1월 휘종을 금나라 상경회령부로 잡아간다. 북송이 멸망 당한다.

임안 〈남송〉〈금〉

1127년 금나라가 개봉을 점령하자 고종이 임안(臨安)에서 남송을 건국한다.
1141년에 남송은 매년 은(銀)과 비단을 보내기로 금나라와 평화협정을 맺는다.

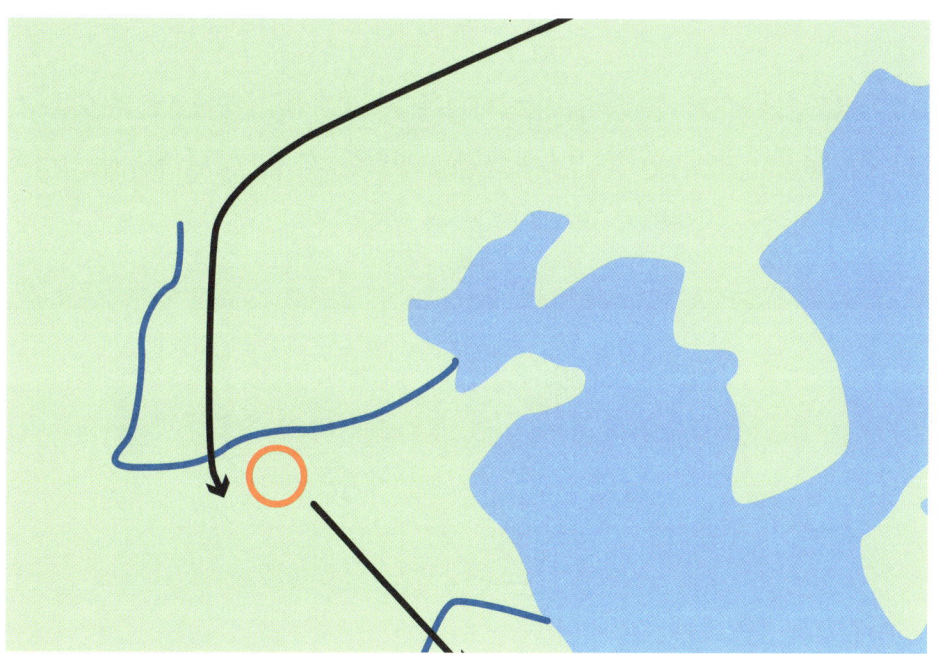

상경회령부 – 개봉 – 임안

33. 고려(고종)-몽골(오고타이 칸) 전쟁
몽골(오고타이 칸)〈수부 타이〉-금(애종) 개봉 전투

개경전투

1231년 살리타이가 이끄는 몽골군이 개경까지 침공하여 고종과 강화를 맺고 다루가치 72명을 두고 1232년 1월 군대를 철수한다.
1232년 7월 고종은 최우와 함께 강화도〈해문도〉로 들어간다.

개봉 〈금〉

1214년 6월 금(선종) 나라가 몽골군을 방어하기 위해 북경에서 개봉으로 수도를 이전한다. 1215년 몽골(칭기즈 칸)의 군대가 북경을 함락한 후 1234년 몽골(오고타이 한) 〈수부 타이〉가 개봉을 점령하여 금(애종) 나라를 멸망시킨다.

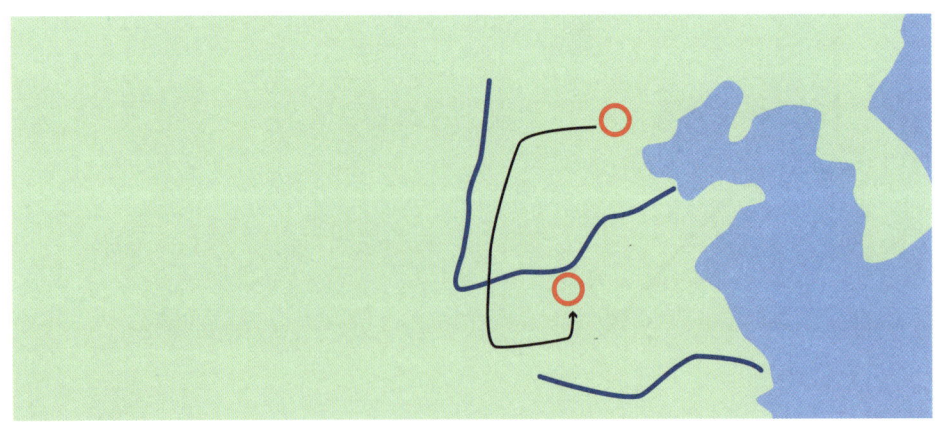

북경 - 개봉

34. 고려(고종)-원(몽케) 전쟁 〈쌍성총관부 설치〉

1254년 원(元) 자랄타이가 침입하였다.

1258년 몽골이 화주에 이르자 조휘와 탁청 등이 등주 부사 박인기, 화주 부사 김선보 및 동북면 병마사 신집평을 죽이고, 철령 이북의 땅을 바치며 몽고에 투항한다. 원나라가 화주(和州)〈안휘성(安徽省) 마안산시(马鞍山市) 화현(和县) 역양진(历阳镇)〉에 쌍성총관부를 설치한다.

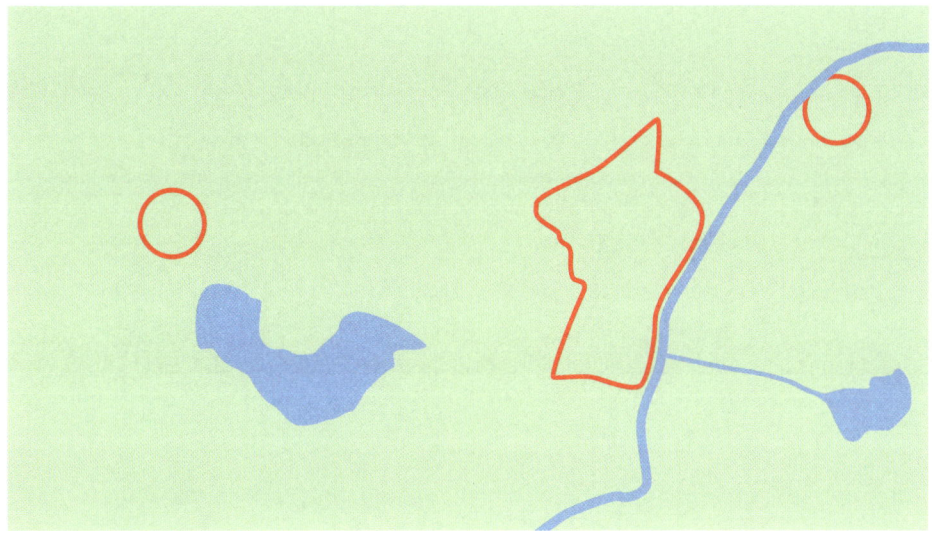

합비 – 화현 – 남경

35. 고려(원종)-원(쿠빌라이칸) 불개토풍
　　원(쿠빌라이 칸)-남송(단종) 임안 전투

1259년 원종이 몽골에게 항복하려고 강도를 나오자 몽골 몽케 칸이 사망한다. 원종이 쿠빌라이 칸에게 항복하자 쿠빌라이 칸은 보답으로 세조구제(世祖舊制)라고 하는 불개토풍(不改土風)〈고려의 국체와 풍속을 보존하라〉 명을 내렸다.

1269년(원종 10년) 서북면 병마사의 기관(記官)인 최탄(崔坦) 등이 난을 일으켜 서경을 비롯한 북계(北界)의 54성과 자비령(慈悲嶺) 이북 6성을 들어 원나라에 투항하였다. 원종이 강도를 나와 개경으로 간다.

1270년(원종 11년) 쿠빌라이 칸은 자비령 이북의 영토를 직속령으로 모두 원나라에 편입하고 서경에 동녕총관부를 설치한 후 최탄을 총관(摠管)에 임명하였다.

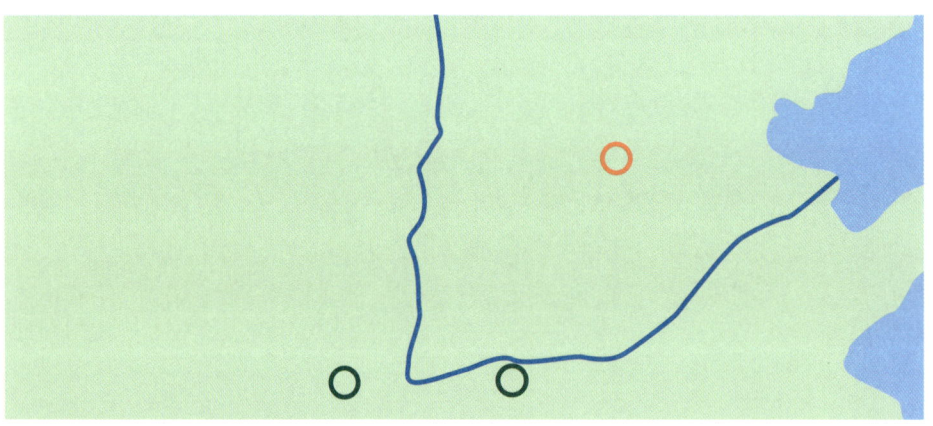

석가장시〈서북면〉〈동녕총관부〉　○〈서안, 낙양〉

임안 〈남송〉〈원〉

1271년 쿠빌라이 칸이 국가명을 대원(大元)이라고 칭한다. 수도를 대도로 옮기고 상도 기능은 평요로 옮긴다. 1276년 남송(南宋)의 수도 임안(臨安)을 점령한다.

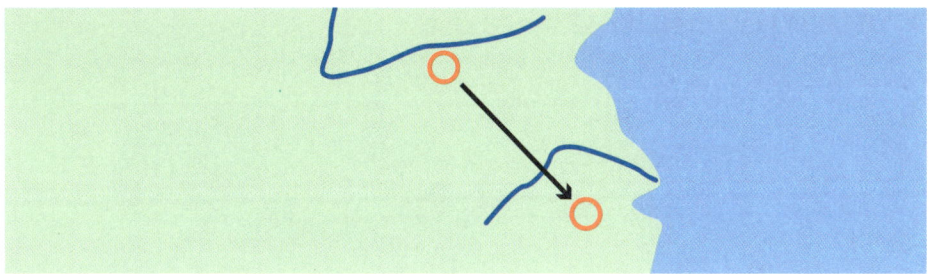

개봉 – 임안

36. 고려(충렬왕)-원(세조) 〈동녕, 탐라 총관부〉 수복

1274년 제국대장 공주와 혼인하고 6월 충렬왕이 되었다.

충렬왕에게도 쿠릴타이에 참석할 자격이 주어졌으며 1290년 동녕총관부 및 탐라총관부를 반환받았다. 1294년 쿠빌라이 칸이 사망한다.

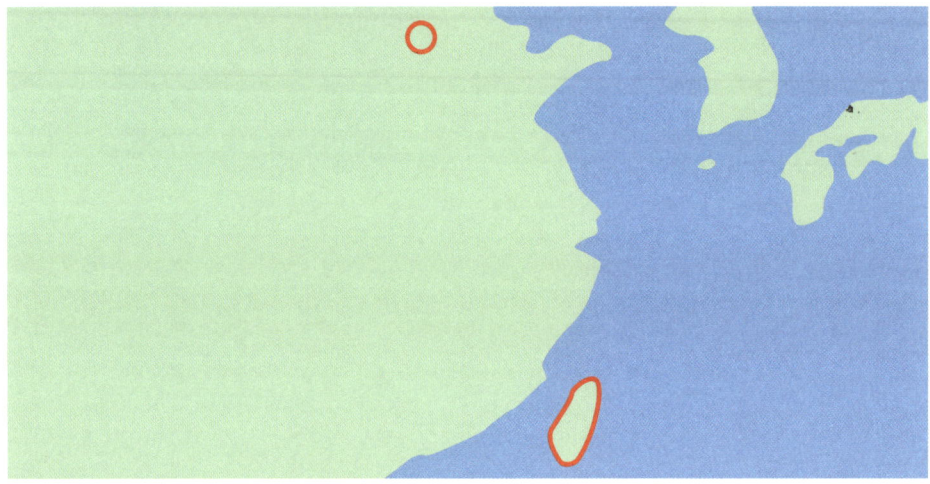

동녕총관부(서경) - 탐라총관부(대만)

37. 고려(충선왕)-원(무종) 〈심양왕〉

1307년 원나라의 성종이 죽자 충선왕은 무종을 지원한다.
1308년 무종이 충선왕에게 심양왕 직위를 주었다.

38. {고려(공민왕)+원(순제)}-홍건군 〈화주, 사주〉전쟁

1354년 원나라 탈탈 군사 23,000명과 고려 최영의 군사 2,000여 명 사주(泗州)〈강소성 회안시(淮安市) 우이현(盱眙县) 사주성(泗州城)〉와 화주(和州)〈안휘성(安徽省) 마안산시(马鞍山市) 화현(和县)〉로 가서 홍건군 장사성과 전쟁을 한다.
고우성高邮城〈양주시(揚州市) 고우시(高邮市)〉, 육합성(六合城)〈남경시(南京市) 육합구(六合区)〉, 회안성(淮安城)〈회안시(淮安市) 회안구(淮安区)〉을 공격한다.

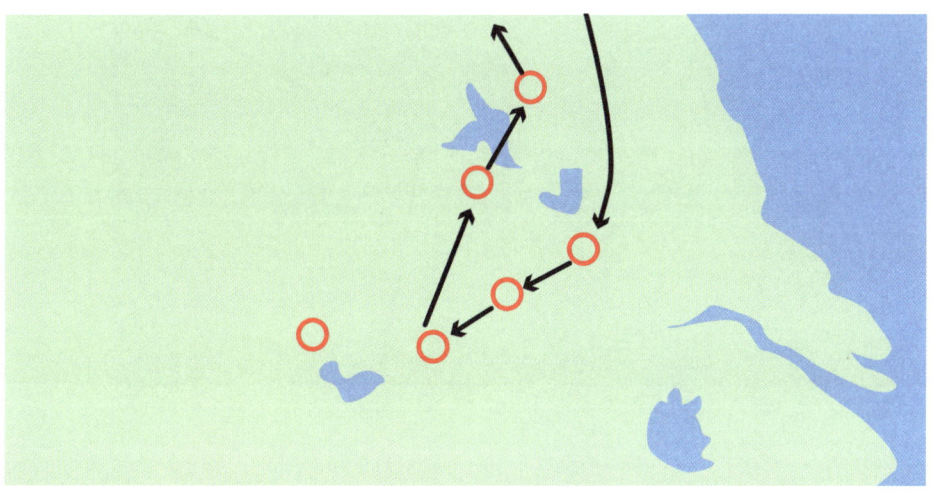

양주시〈고우성〉 - 남경시〈육합성〉 - 화현〈화주〉 - 회안시 우이현〈사주성〉 - 회안시〈회안성〉

39. {고려(공민왕)-원(순제)} 전쟁 〈쌍성총관부 수복〉

1354년 최영이 화주 전쟁을 마치고 돌아와서 〈쌍성총관부를 탈환하더라도 원이 반격하지 못한다〉고 공민왕에게 보고한다.

1356년 7월 동북면 병마사인 유인우가 쌍성(雙城)을 공격하자 이자춘과 이성계가 안에서 성문을 열어서 99년 만에 쌍성총관부를 수복한다.

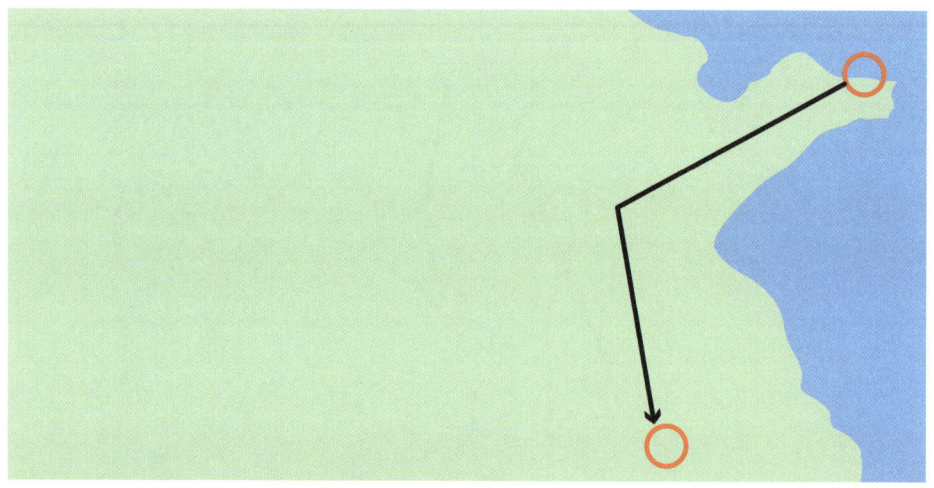

등주〈동북면 병마사〉 - 화주〈화현〉〈쌍성총관부〉

40. 고려(공민왕)-홍건군 전쟁 〈서경 탈환〉

1359년 원나라가 개봉을 탈환하자 홍건군이 요동으로 도주한다. 12월 홍건군 4만 명이 고려 서경을 함락한다. 20일 만에 고려군은 함종(咸從)에서 홍건군 2만 명을 죽이고 서경을 탈환한다.

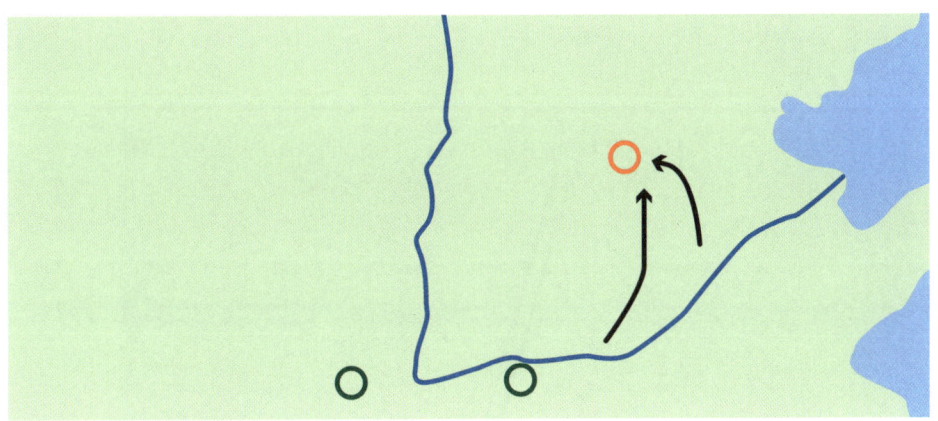

서경   ○ 〈서안, 낙양〉

41. 고려(공민왕)-홍건군(주원장) 전쟁 〈개경 탈환〉

1361년 11월 홍건군 20만 명이 개경을 공격하려 하자 공민왕이 복주(福州)〈복건성(福建省) 복주(福州)시 고루구(鼓樓區)〉로 피난 간 후 1362년 1월 이방실, 최영, 이성계가 20만 병력을 모아 개경을 포위 탈환한다.
주원장의 홍건적 20만 가운데 절반은 전사하고 절반은 압록강을 건너 도망쳤다. 1362년 11월에 공민왕이 개경에 돌아왔다.

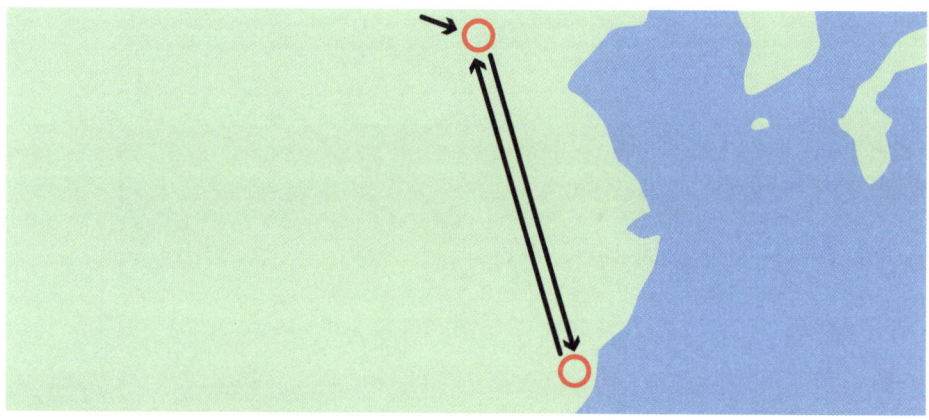

개경〈유성시〉 - 복주〈복주시〉

42. 고려(공민왕)〈이성계〉-원(순제)〈나하추〉 전쟁

1362년(공민왕 11년) 2월 원 나하추가 4대 쌍성총관 조소생과 수만 명의 군대를 이끌고 쌍성을 탈환하려고 공격한다. 고려에서는 이성계를 동북면 병마사(東北面兵馬使)로 임명하여 이를 격퇴한다.

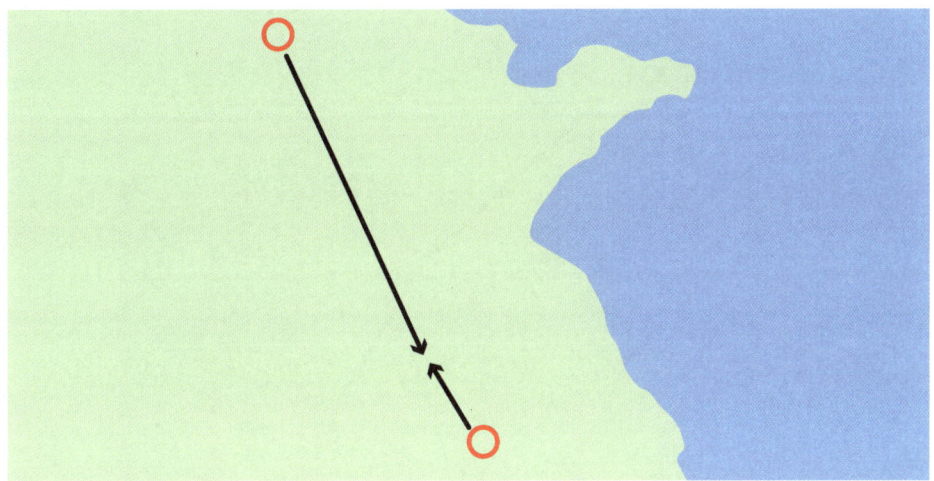

서경 – 쌍성〈화주〉

43. 고려(공민왕)-원(순제) 전쟁 〈동녕부 진압〉

1368년 홍건군이 원나라 대도를 점령하고 궁을 불태운다. 1370년 1월 원나라가 동녕부에서 군사를 모아 고려를 침공하려 하자 공민왕이 이인임과 이성계를 보내 요동의 동녕부〈심양〉를 진압한다.

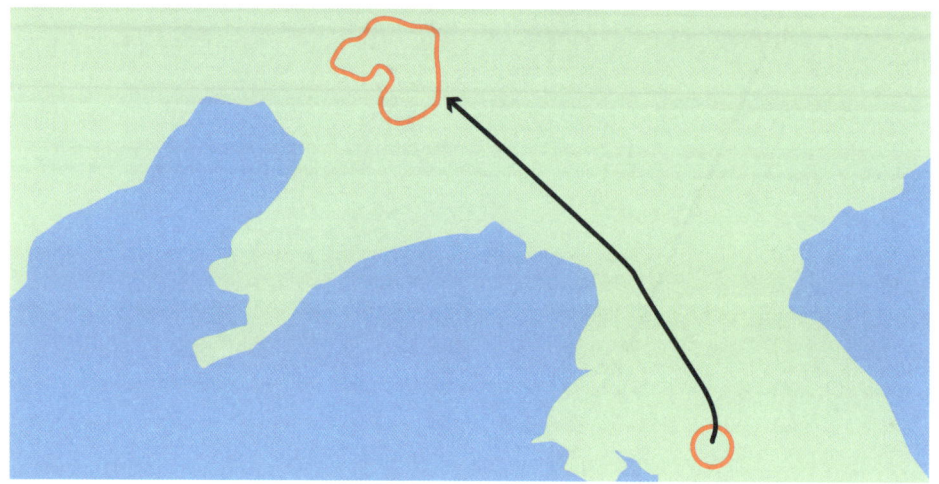

개성 - 심양

44. 조선(우왕)〈이성계〉-명(주원장) 위화도회군

1388년 명나라가 철령 이북 지역에 철령위를 설치하려 하자 이에 대한 반발로 고려 우왕이 요동 정벌을 명한다. 위화도까지 갔던 우군 도통사 이성계가 5월 개성으로 회군한다. 6월 명에 사신으로 간 박의중에게 주원장은 조민수와 이성계에게 〈충근양절선위동덕안사공신〉의 호를 내리고 〈명은 철령위 쌍성총관부설치 논의를 중지한다〉는 자문(咨文)을 내린다.

요동〈화주〉 공격로

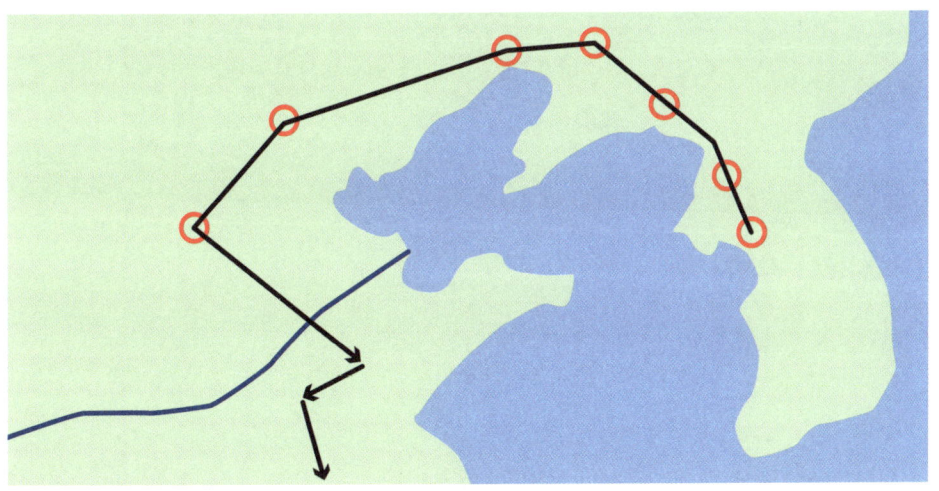

개성 - 위화도 - 심양 - 조양 - 북경 - 서경 - 화주

45. 조선(세종)〈최윤덕〉〈김종서〉-여진 전쟁
   〈간도 토벌〉

파저강〈혼강〉 전투〈서간도〉

1433년 4월 조선 세종 때 압록강을 건너 최윤덕을 보내 15,000명의 군사가 파저강〈혼강〉 일대의 여진족을 평정한 후 간도면을 만들고 조선인을 이주시킨다.

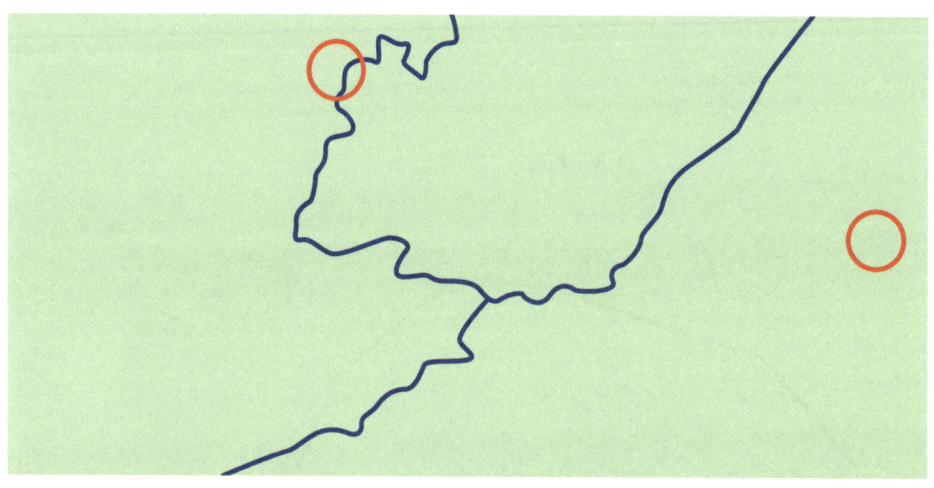

환인 – 혼강 – 압록강 – 강계시

동간도 전투

1437년 김종서를 보내 두만강 일대의 여진을 평정한다.
6진을 설치한다.

46. 명(만력)-후금(누르하치)　　사르후 전투
　　조선(광해)-후금(누르하치)　　부차〈환인〉 전투
　　청〈홍타이지〉-내몽골　　　　차하르 전투
　　청〈홍타이지〉-조선(인조)　　남한산성 전투
　　청〈순치제〉-명(의종)〈이자성〉　산해관 전투

사르후(薩爾滸) 전투

1619년 명이 조선과 만주의 여진족을 이끌고 4방향〈개원, 봉천, 청하, 부차〉에서 후금〈홍경〉을 공격한다. 혼하(渾河)의 사르후 전투에서 명(明)이 패한다.

부차〈환인〉 전투

조선이 흥경 남쪽 환인 지역 부차(富察)〈환인만족자치현(桓仁滿族自治縣) 환인진(桓仁鎮)〉까지 진격하지만 패한다.

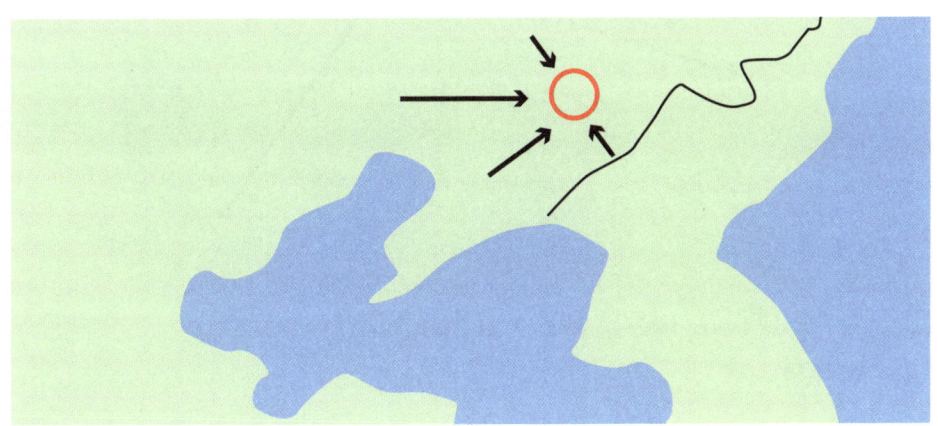

흥경〈사르흐, 혼강, 부차〉

차하르 전투

1632년 4월 홍타이지는 10만 명을 이끌고 내몽골 차하르 근거지인 귀화성(歸化城) 〈후허하오터시 옥천구(玉泉区)〉을 점령한다.

남한산성 전투

1637년 홍타이지 칸이 조선 남한산성을 정복하여 인조를 신하로 복속시킨다.

산해관 전투

1644년 청은 명의 오삼계와 동맹을 맺고 이자성을 산해관 전투에서 꺾는다.

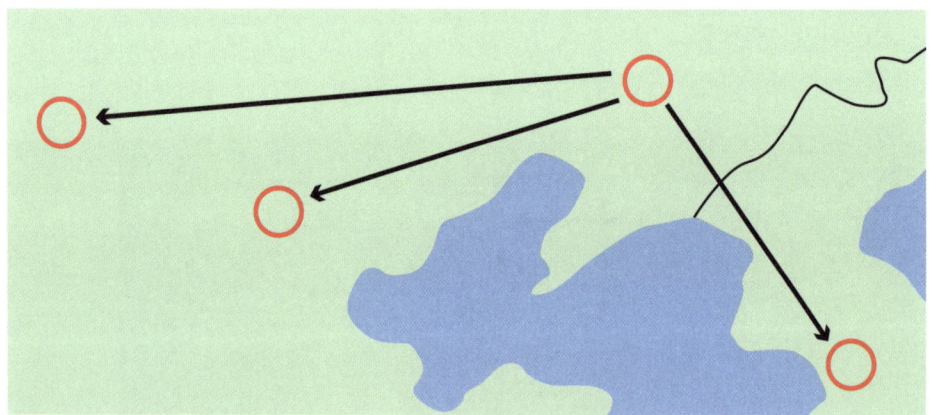

1636년 심양 → 차하르〈내몽골〉 1637년 심양 → 남한산성〈조선〉
1644년 심양 → 북경〈명〉

3장

역사 쟁점

1. 동이와 서이

고구려, 백제, 신라, 고려, 발해, 숙신, 여진, 거란, 흉노, 선비, 조선, 예맥이 동이(東夷)라면 주(周)는 서이(西夷)다.

2. 부여(夫餘)와 예

동부여 도읍이 려성〈장치(长治)시 려성현(黎城县)〉이다.
예읍이 청장수와 탁장수 사이에 있다는 기록으로 예읍을 찾아보면 그곳이 여성(餘城)〈장치시 려성현(黎城县)〉과 위치가 동일하다.
예읍에 동부여가 려성(黎城)을 구축한다.

3. 막북(漠北), 흉노, 조선, 홍산문명 의 인적 연관성

BC7,000년 초기 거주 유적이 요하강((遼河江) 동쪽 오한기에 있고 반복되는 소빙기 거주 유적 역시 모두 오한기에 있다.
그런데 BC4500년경 홍산문명 옥기(玉器)가 요하강 서쪽 〈적봉시(赤峰市) 홍산구(红山区) 홍산〉과 서북쪽〈적봉시(赤峰市) 옹우특기(翁牛特旗)〉에서 만들어지고 요하강 동쪽 오한기에서는 발견되지 않는다.
이는 화전(和田)에서 옥(玉)을 들고 정착할 숲을 찾아서 3350km를 이주하여 적봉에 정착 옥기를 제작한후에 돈황의 옥문관을 통해서 옥기를 동서로 유통한 것을 알수 있다.
화전(和田)은 주민이 털북숭이인 아프카니스탄 지역과 인접하여 이들이 털북숭이일 가능성이 크다.

근세조선 시기에 막북을 다녀온 관리의 기행문에 〈막북 주민이 털북숭이다〉라고 기록한다. 막북 지역은 흉노 지역이고 홍산지역은 배달국이 지배한 지역이기에 조선에 이들 옥기를 만든 자들이 포함되어 있었을 것이다. 또한 기자 가한(可汗) 후손에 털북숭이가 많다는 기록도 있다.

4. 진(辰)과 진한(辰韓)

탁수가 흐르는 탁주에서 조선과 연 유민이 〈석가장시(石家庄市) 진주시(晋州市)〉로 이주하여 진(辰)을 건국한다.

〈탁수가 흐르는 탁주에서 이주했다〉는 진(辰) 초기 이주 역사가 진한(辰韓)에 들어오게 된다. 진(辰)과 진한(辰韓)을 같은 국가로 볼 수도 있고, 위치가 달라졌으므로 다른 국가로 볼 수도 있다.

5. 한(漢)나라와 한(韓)나라

한(漢) 유방이 〈강소성 패현〉 사람이어서 국가명을 오(吳)로 정해야 하는데 당시 오나라는 초나라의 속국이기에 택하지 않은 것으로 보인다. 한(韓)은 황하 서쪽으로 한성(韓城)을 구축하고 황하 남쪽으로 정(鄭)을 멸망시킨 강국이었었고 마한이 54개국을 만들 만큼 컸다. 위치는 초(楚)와 북으로 인접하여 대치했던 국가이기에 초(楚)와 전쟁하는 유방이 한(漢) 명칭을 선택한 것으로 볼 수 있다.

6. 한자(漢字)는 한자(韓字)인가?

한(漢)나라 장량(張良)의 아버지와 할아버지가 한(韓)의 재상이었고, 장량이 진시황 살해를 시도한 적도 있었을 만큼 한(韓)나라에 대한 충성이 깊다. 한자(韓字) 사용을 유방에게 건의했을 가능성이 크다. 유방의 병사들이 남방계이기에 한자(韓字) 大〈대〉를 남방식으로 〈다이〉로 읽는 한자(漢字)가 탄생한 것이다. 인접 국가이기에 사람들의 이동으로 자연스럽게 한복(韓服) 또한 한(漢)으로 유입되어 한복(漢服)이 되었을 것이다.

7. 고구려 주몽이 산서와 하북을 단기간에 지배할 수 있었던 이유는?

흉노(BC200-BC141) 세력이다. 묵돌이 한(漢)나라 건국 6년 후 BC200년 백등산 전투에서 흉노가 승리한다. 그 후 79년간 한(漢)나라에게서 매년 공물을 받는다. BC121년 한무제(BC141년~BC87년) 때 곽거병이 흉노를 공격한다. 한 무제가 BC86년에 사망하고 한나라 왕권이 다시 약한 시기가 되자 동 흉노의 호한야 선우(재위 BC58-BC31)가 왕소군을 공녀로 받을 정도로 다시 흉노가 강해진다. 적이 없는 세상이다. 이 시기에 고구려가 등장한다.

8. 유리왕이 고주몽 아들인가?

BC19년 유리가 고주몽을 찾아오자 4월 그를 태자로 삼는다. 9월 주몽은 시신 없이 사망하고 소 왕후는 유리왕의 왕후가 된다. 유리왕이 도읍을 옮긴다. 이것은 적장이 하는 행동이다.

유리왕이 흉노나 부여에서 온 것으로 볼 수 있다. 그래서 고주몽 신하들이 유리왕을 동족으로 받아들인 것이다. BC6년 부여왕 대소가 군사 50,000명을 거느리고 내침하다가 큰 눈으로 물러간다.

AD2년 위나암으로 수도를 이전한다. AD7년 황룡국〈흉노(?)〉〈산서성 태원시 누번현(婁煩縣) 누번진(娄烦镇) 누번고성(婁煩古城)(?)〉 왕이 보낸 활을 왕태자 해명이 부러트린다. 이 사건으로 결국 자결한다.

해명(解明)이 해씨(解氏)이니 부친인 유리왕 또한 해씨(解氏)다.
태조대왕(太祖大王)의 맏 아들이 고막근(高莫勤) 이니 해씨(解氏)에서 계루부 고씨(高氏)로 바로 잡았기에 왕명이 태조(太祖)인 것이니 해씨(解氏) 유리왕은 정복자로서 등장한 것이다.

9. BC86년이 동부여(東夫餘) 건국 연도인 이유는?

한 무제가 BC87년 〈하택시 성무현〉을 투후 김일제에게 녹봉으로 주기 위해 하택지의 동명 거주자를 몰아내자 부여가 북으로 옮겨간다.
BC86년 해모수가 〈장치시(長治市) 려성(黎城)〉에 동부여를 건국한다.

10. 서안(西安) 이전의 최초 안(安)은 어디인가?

〈산서성 운성시(运城市) 염호구(盐湖区)〉에 안읍(安邑)이 있었다.
고구려의 〈다물〉 지역이다. 염호구는 소금밭이고 당시 소금은 화폐다.

11. 남옥저(南沃沮)는 하택시다

AD44년 후한 광무제가 낙랑국(樂浪國)을 정복하고 군현으로 삼아 살수(薩水) 이남의 땅이 후한에 속하게 된다. AD54년 대무신왕의 호동왕자가 낙랑국을 빼앗고 〈죽령군〉으로 삼았다. 그곳이 남옥저이고 하택시다.

12. 모용외와 조선공(朝鮮公)

모용외가 후한으로부터 요동 지역을 평정한 공로로 조선공(朝鮮公) 칭호를 받는다. 후한이 볼 때 선비는 조선인 것이다.

13. 북부여(北夫餘) 현왕이 백제 근초고왕인가?

346년 모용황(慕容皝)이 모용준을 시켜 부여를 침공하여 현왕과 50,000명을 잡아 와서 현왕을 사위로 삼고 진동장군(鎭東將軍)에 임명한다.
346년 9월 백제 계왕이 즉위 2년 만에 죽고 근초고왕(近肖古王)〈여구(餘句)〉이 왕위를 이어받는다.
〈오환전 모용황편〉을 보면 많은 백제 유민이 전연 수도로 잡혀 와 있다. 이 기록을 모용황이 백제를 정복한 것으로 본다면 사위인 현왕이 백제 근초고왕이 될 수 있는 것이다.
AD111년 3월 부여 왕이 낙랑군을 침범하였다. 침범이 성공하였다면 이 침범을 부여계 초고왕과 관련지어 볼 수 있다. 근초고왕 또한 부여계다. 근초고왕이란 초고왕을 언급하고 있다.

348년 모용황의 사냥 중 사망을 모용준의 정변으로 볼 수 있다. 모용준 재위(348년-360년)기간 근초고왕이 한반도 풍납토성과 몽촌토성에서 역사를 만든 후 364년 모용준(慕容儁)이 사망한 후에 대륙 백제로 다시 돌아와서 남방 정벌을 나가 가야와 탐라를 정벌한다. 371년 한성으로 수도를 옮긴다. 372년 백제 근초고왕이 탐라에 칠지도를 보낸다.

14. 하나라는 조선의 제후국이다

조선은 산서성 평양이고 하나라 수도 안읍(安邑)〈산서성 운성시(运城市) 염호구(盐湖区)〉은 매우 가까이 있고 염전지대. 경제적으로 중요한 지역이고 표현 자체가 가장 중요한 곳이라고 말하는 것이기에 하나라가 조선 제후국을 받아들인 것이다.

하나라가 상나라에 멸망한 후 서융으로 진화하여 주나라를 건국하고 상나라를 정복한다. 안읍과 등봉시는 후에 백제의 영토이다.

15. 백제 일식 기록이 왜 북경으로 나오는가?

북부여의 부여성은 북경에 있었다. 부여성이 멸망한 후에 현왕과 부여인 50,000명이 모용황에게 잡혀 전연으로 올 때 부여의 모든 기록물과 왕실 자산을 가지고 이동한 것으로 볼 수 있다. 이후 현왕이 근초고왕의 사위가 되고 또한 백제의 왕이 된 후에 부여 일식 기록을 백제로 가지고 온 것이다.

16. 발해문자와 선비문자

북경과 조양 지역을 정복한 거란족 요나라가 그들의 문자를 갖고 있다.
이전 거주자였던 부여가 문자를 갖고 있었으므로 거란문자가 부여문자를 빌렸을 것으로 볼 수 있다. 발해가 당나라에 선비문자로 문서를 보냈다고 하니 당시 북방의 부여, 백제, 거란, 선비, 흉노가 문자를 공유한 것으로 보인다.

17. 371년 고국원왕 평양(동황성) 전투 중 사망과 375년 근초고왕 수곡성 전투 중 상해 사망

371년 백제 근초고왕은 동년 10월에 정예 군사 3만을 이끌고 평양(동황성)을 공격해 고국원왕이 전사한다.
375년 고구려 소수림왕이 수곡성(水谷城)을 공격하여 함락시켰는데 이때 근초고왕이 전투에서 상해를 입고 11월에 사망한다.

당시 고구려와 백제가 전투에서 4년 간격을 두고 상대국 왕을 죽게 한 것이다. 당시 고구려 소수림왕이 근초고왕 사망 원인이 전쟁 중 상해였다는 사실을 알았더라면 고국원왕 사망에 대한 적대감이 줄어들었을 것이다. 이후 300년에 걸친 지루한 전쟁도 없었을 것이다.

18. 부여 매라성(邁羅城)은 백제 담로(擔魯)이다

1995년 충남 부여군 궁남지 발굴조사 때 매라성 법리원에 가서 답(畓)을 5형(五形) 만들었다〈매라성 법리원 답오형(邁羅城 法利原畓五形)〉'은 목간이 나왔다. 궁남지에서 가

까운 그곳 성(城)의 이름이 매라성(邁羅城)이다.

남제서(南齊書) 백제전(百濟傳)에 495년 동성왕 12년 금가(今假) 사법명(沙法名)을 행정로장군(行征盧張軍) 매라왕(邁羅王)으로 임명한 기록이 있다.

19. 고구려 국내성이 어디인가?

국내성은 〈산서성 진중(晋中)시 평요현(平遥县) 평요고성(平遥古城)〉이다.
집안(集安)〈길림성(吉林省) 통화시(通化市)〉은 평상시 고구려 무덤군을 관리하고 유사시 별도(別都)로 사용하기 위해서 축성된 곳이다.

20. 산릉(山陵)에 광개토태왕 비석 토대석이 있을까?

412년 광개토태왕이 사망하고 414년 9월에 산릉(山陵)을 조성했다.
춘(春)태자가 〈장치시 장자현 황룡천산(黄龙泉山)〉에 산릉(山陵)과 비석을 만들었다. 〈장치시(长治市) 호관현(壺关县) 황산향(黄山乡)〉에도 용천(龙泉)이 있다. 광개토태왕의 토대석은 위 장소들에 있을 것이다.

21. 광개토태왕 비문의 한(韓)과 예(濊) 위치

내가 죽은 뒤 〈한(韓)이나 예(穢)에게 내 무덤을 수호하는 일을 맡게 하라〉고 하였다.
〈장치시 장자현〉의 인근이 한(韓)과 예(濊)의 땅이다.

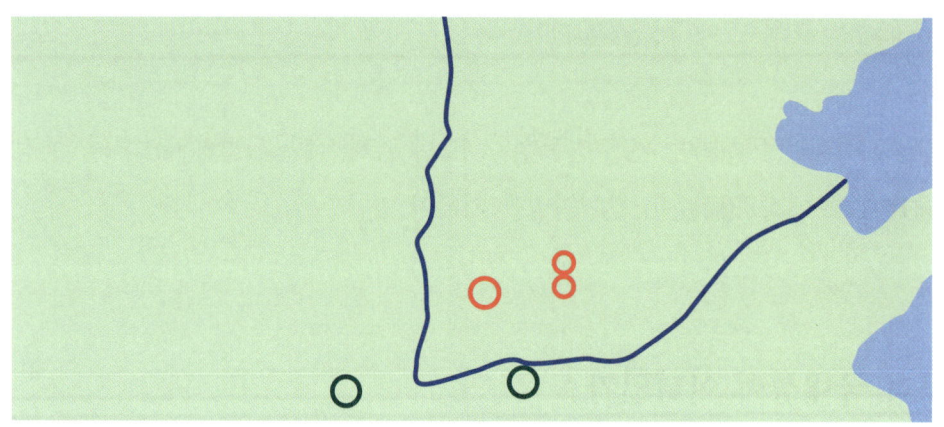

임분⟨한⟩ - 장치시 장자현⟨산릉⟩ - 장치시 려성⟨예⟩ ○ ⟨서안, 낙양⟩

22. 탈해이사금은 고주몽 아들이다

고구려 AD4년 유리왕 23년 고주몽 막내아들 작(鵲) 태자가 해(海)⟨황하⟩를 건너 신라 ⟨하택시 성무현 금성⟩로 들어가 AD10년 태보(台輔)가 된 후 AD57년 탈해 이사금이 된다.

23. 내물 마립간(356년-402년) 때 언어가 바뀐다

381년 내물왕이 위두(衛頭)를 전진(前秦)에 사신으로 보내니 진왕 부견(재위 357년-385년)이 ⟨언어가 예전과 다르니 어찌 된 일인가⟩라고 묻는다. 언어가 달라진다는 것은 내물 마립간 세력이 새로 등장한 침략 군사집단임을 알 수 있다.

성한(成漢)이 347년에 동진에 의해 멸망한다. 성한왕(成漢王)이 도주하여 국가를 새로 만들려고 했다면 그를 따르는 군사가 있기에 가능하다. 5호 16국 시기다. 내물왕 출현 시기와 성한국 멸망 시기가 비슷하다.

성한왕(成漢王)이 내물왕이 될 수 있다.

24. 태산봉선(泰山封禪)에 참여한 국가들

665년 당 고종(高宗)이 태산(泰山)에서 신라, 백제, 탐라(耽羅), 왜와 봉선(封禪)을 한다. 4개국이 태산에 올 수 있는 곳에 있다는 것을 알 수 있다.

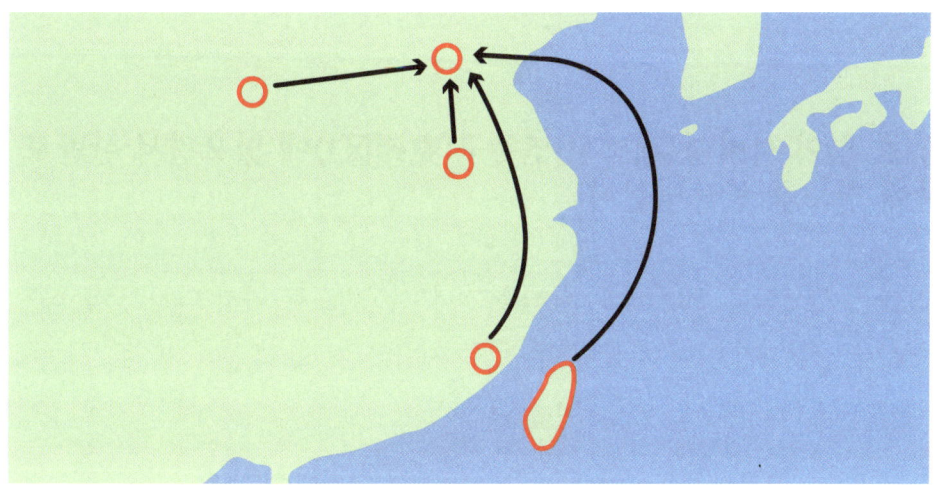

당 고종〈서안〉 - 문무왕〈합비〉 - 백제〈태산〉 - 왜〈복건성〉 - 탐라〈대만〉

25. 월성(月城)이 신라 도읍인가?

흉노 김일제의 고향 무위〈감숙성 무위시〉가 원래 월지국(月支國) 지역이다. 무위에서 성무현으로 이주 와서 신라를 건국하였기에 월(月)을 가져와서 월지(月池)와 월성(月城) 이름에 사용한 것이다.

월성(月城)은 신리의 한반도 별도(別都)이고 묘지 관리와 천문관측지로 사용되었고 태자를 교육하고 보호하기 위한 동궁이 있었던 곳이다.

26. 무왕(武王)이 사비성〈제녕시 연주구(兖州区)〉에 있으면서 한반도 익산에 별도를 만들었는가?

무왕이 한반도에 있었다면 배를 타고 황해를 건너 산동반도로 가서 다시 말을 타고 당나라 장안으로 달려가서 붕어 사실을 알렸다면 사망한 지 몇 개월이 지났을 터인데 당 태종이 현무문에서 애도식을 할 수 있었겠는가?

무왕은 630년 태산 인근 사비성〈제녕(濟寧)시 연주구(兖州区)〉에 사비궁(泗沘宮)을 중수하고 그곳에서 사망한 것이다.

한반도 전북 익산에 유사시 별도(別都)로 사용하기 위한 궁궐을 지은 것으로 보인다.

27. 서북병마사와 동북병마사의 변천

황하가 동북 방향으로 꺾이기에 산동성이 동북면이 되고 서경〈석가장시 장안성〉이 서북면이 된다.

1356년 이자춘은 화주의 〈쌍성총관부〉를 지킨 동북면 병마사이고 1361년 이자춘이 죽자 이성계가 그 자리를 이어받았다.

고려 공민왕이 1369년 한반도 개성으로 천도한 후에는 한반도 동북 병마사는 함흥 지역이고, 서북 병마사는 강계 지역이다.

28. 단단대령(單單大領)

단단대령은 운태산(云台山)〈초작시(焦作市) 수무현(修武縣)〉이다.

29. 진번(眞番)과 진번(鎮番)

진번(眞番)〈조선〉은 〈진짜 오랑캐 조선〉이라는 말이고 흉노의 본산 진번(鎮番)〈무위(武威)시 민근현(民勤縣)〉은 〈무찔러야 할 오랑캐 흉노〉이다.

숙신이 만든 조선과 흉노가 만든 월지국〈무위시〉이 전혀 별개인데 〈진번〉이라는 동일 이름을 갖고 있다. 이를 근거로 〈진번국과 조선국〉 2개국이 아니고 진번조선국임을 알 수 있다.

30. 부여 유민이 아틸라의 hun족인가

346년 북부여가 멸망된 후에 바이칼 호수로 가서 정착 후 다시 서쪽으로 이동한 이들이 편두에 눈은 찢어지고 말 등에 동복을 싣고 달려가는 hun족이다. 375년 동고트를 정복하고 376년 서고트를 정복한다.

sun〈산〉이고 gun〈간〉이다. 〈u〉는 〈어, 아〉로 발음한다. hun은 〈훈〉이 아니고 〈한〉으로 발음해야 한다. 〈hungary〉도 〈훈가리〉가 아니고 〈항가리〉이다. 〈훈족〉이 아니고 〈한족〉인 것이다.

31. 동방왕조 기사의 호궤(胡跪)

동방왕조 왕의 특징은 편두를 했고 왕관을 위에서 보면 까마귀가 나는 모습을 형상화한 십자가 형태이다.

까마귀는 케레이의 상징이다. 동방 왕조 기사들의 호궤(胡跪)를 보면 오른쪽 무릎을 굽히고 왼쪽 무릎을 세워서 편(伸)다. 고구려 호궤와 똑같다. 호위 기사는 동방왕조의 최측근 기사이다. 그들이 고구려 호궤를 채택한다면 동방 왕조는 당연히 고구려 후예이다.

32. 바이킹 투구와 고구려 투구의 유사성

바이킹 투구에는 물소 뿔이 있다. 노르웨이 스웨덴은 추운 지방으로 눈이 많아 그곳에 물소가 있을 리가 없다. 그런데 왜 물소 뿔이 달린 투구를 사용하는가? 이는 투구에 물소 뿔을 달고 있는 군대가 노르웨이로 들어온 것이다.

668년 고구려 멸망 후 이들이 서쪽으로 이동하여 유럽으로 들어가 기후가 소빙기에 들어서자 거주민들을 데리고 노략질을 하였을 것이다.

33. 〈진〉이 국가명인 나라는 여진의 나라이다

진(金)나라 건국까지 〈진〉을 나라 이름으로 하는 모든 국가는 숙신, 즉 여진족 조선이다. 진(晉), 진(秦), 진한(辰韓), 진(陳), 서진(晉), 동진(晉), 진국(震國), 진(振)(발해) 등이다.

BC1046년 진(晉)나라는 여진의 국가임을 알 수 있다. 진(晉)나라가 3개국으로 분리된다. 한(韓)이 진에서 분리된 국가이니 여진이다.

34. 우왕후의 산상왕 선택으로 고구려가 200년간 보통국가가 되다

우왕후의 산상왕 선택으로 발기의 난이 발생한다. 발기의 군대 30,000명과 연노부(涓奴部)의 군대 30,000명이 공손강에게 보내진 후 공손강이 고구려를 공격하지 않고 보유만 함으로써 고구려와 대등한 군사력을 보유하게 된다. 공손강의 군세에 밀려 산상왕이 198년 환도산성으로 수도를 옮긴다.

238년 위나라 사마의가 공손연을 무찌를 때 동천왕이 군대를 보낸다. 공손연을 멸망시킨 후 이들 군사력을 얻게 된 위나라 관구검이 이번엔 고구려 동천왕을 공격한다.

이처럼 발기의 반란이 일어난 지 200년간 고구려가 보통국가가 된다.
광개토태왕 때가 되어서야 발기의 반란 이전으로 군사력이 돌아간다.

35. 모용황의 미천왕 시신 탈취가 한(韓)반도에 끼친 영향은?

모용황의 미천왕 시신 탈취로 당대 왕들이 충격을 받는다. 당시는 내세를 믿던 시기이기에 왕의 무덤 터로 더욱 안전한 곳인 한반도를 선호하게 된다. 고구려는 집안(集安)을 중심으로 만주지역에 무덤군을 형성하게 되고 백제는 충남 공주에 고분군을 만들고 신라는 경주 지역에 무덤군과 불국(佛國)을 만든다. 한반도에 유사시 3국의 별도(別都)〈집안, 부여, 경주〉가 생긴다.

36. 장수왕이 북위와 백제의 요동전쟁을 지켜만 본 까닭은?

409년 18세에 왕이 된 후 장수왕이 나이 들어가면서 노후의 모습이 광개토태왕과 다르다는 것이 알려지자 왕권 정통성에 문제가 발생하여 내란이 시작된다. 472년 백제 개로왕이 북위에 〈장수왕이 대신들을 마구 죽인다〉고 서신을 보낸다. 고구려 장수왕이 475년 한성을 공격하여 개로왕을 죽인다. 이후에도 장수왕은 내란에 시달린다.

요동을 방어할 고구려 장수가 계속되는 내란으로 백제와 신라로 들어간다. 요동에는 전연의 왕족 〈모(慕)〉씨가 많다. 이들도 백제와 신라로 들어간다. 고구려 요동의 방어가 약해지자 요동을 차지하려고 488년 북위의 기병들이 쳐들어오자 백제 동성왕이 이들을 격퇴하고 요동을 차지한다. 장수왕은 내전으로 지켜만 볼 뿐이다.

37. 평양이란 지명은 어디서 유래하는가?

고구려가 분하(汾河) 변에 〈汾陽, 平遙, 平壤〉을 도읍으로 정한다. 분〈汾〉의 중국발음이 〈펀〉이다. 〈평양〉 발음을 한자로 표기한 것이다.

38. 이성계가 태어난 남경(南京) 알동천호소는 어딘가?

이의방(李義方)은 1170년 정중부와 함께 무신정변을 일으킨다. 동생이 이린(李隣)이고 조선 태조(太祖) 이성계(李成桂)의 6대조이다. 〈백제의 산동성(山東省)〉에서 이주한 집단이 〈광서 장족 자치구 (廣西壯族自治區)〉에 정착한다. 이성계 가문은 이곳 〈계림시(桂林市) 전주현(全州縣)〉에서 대대로 살아온 호족이다 이자춘은 본관이 전주이고 남경 알동천호소에서 태어난다. 이성계 또한 남경 알동천호소에서 태어난다.

39. 장족(壯族)은 백제 유민이다

장족거주지는 〈광서 장족 자치구(广西壮族自治区) 남녕시(南宁市)〉이고 이성계의 본관 전주는 〈광서 장족 자치구(廣西壯族自治區) 계림시(桂林市) 전주현(全州縣)〉이다. 장족은 백제 신라 고려로 이어지는 한국인 유민이다.

40. 쌍성총관부(雙城摠管府)는 고려영토이다

쌍성총관부(雙城摠管府)는 1258년에 원나라가 화주(和州)에 설치한 통치기구이다.

1354년 고려 공민왕때 원나라의 요청으로 최영이 2000명을 거느리고 참전하여 홍건군 장사성 부대가 있는 사주(泗州)와 화주(和州)를 공격한다. 화주(和州)는 사주(泗州) 인근이다. 최영이 공민왕에게 쌍성총관부 공격이 가능하다고 보고한다. 1356년 공민왕이 99년간 원나라에 빼앗겼던 쌍성총관부를 공격하자 이자춘과 이성계가 성문을 열고 고려에 항복한다. 이 공로로 이자춘이 동북면상만호(東北面上萬戶)로 임명되고 이성계가 대를 이어 동북면상만호(東北面上萬戶)가 된다.
1368년 명나라가 원나라 북경을 정복하고 원나라 영토를 승계한다.
1368년 고려 공민왕이 〈정몽주, 정도전, 최영, 이성계, 이색……등〉과 함께 고려 개경에서 한반도 개성으로 천도한다. 1〈쌍성총관부, 동녕총관부, 탐라총관부, 고려 5악〉 영토를 지킨다.

1387년 명 주원장이 쌍성총관부에 철령위(鐵嶺衛)를 설치하려고 하자 이를 지키기 위해 이성계가 출정하지만, 우천으로 위화도에서 회군한다.
명나라 주원장이 조민수와 이성계를 공신으로 호를 내리고 〈철령위 쌍성총관부설치 논의를 중지한다〉는 자문(咨文)을 내린다. 쌍성총관부를 고려가 지켜낸다.
{1388년 3월 봉집현(奉集縣)〈요녕성(遼寧省) 금주시(錦州市) 의현(义县)〉에 철령위가 설치되지만 이는 쌍성총관부 철령위와는 다른 곳이다.}

1392년 이성계가 조선을 건국한 후 중국의 고려영토와 한반도 고려영토가 모두 조선으로 승계된다.

41. 조선- 부여- 숙신은 모습이 같았을까?

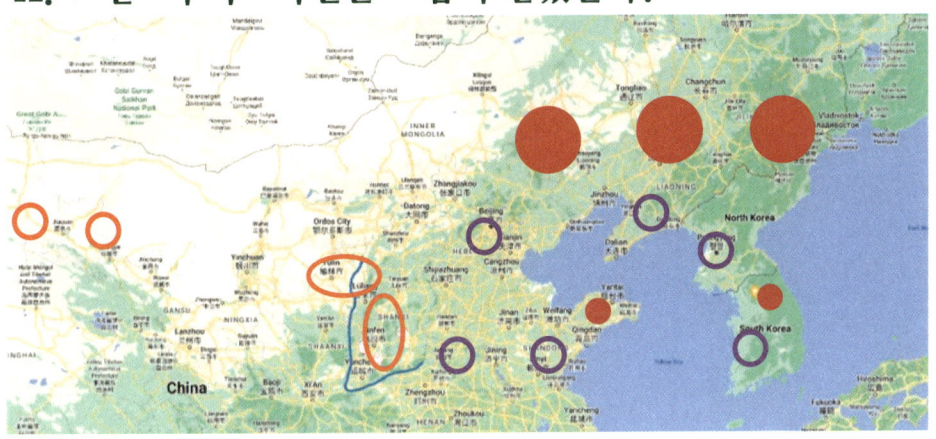

조선(주황색) -부여(보라색) - 숙신(빨강색)

부여 -고인돌을 한반도에 가지고 온 켈트족

양수리 두물머리 고인돌 연대 측정 BC2325년이다. 서양에서는 아일랜드에 고인돌이 많이 있기에 켈트족이 이 땅에 와서 30,000기 이상 고인돌을 남긴 것으로 볼 수 있다. 이들이 상투하고 매부리코에 체격이 큰 부여인으로 진화한다.

조선 - 털북숭이

신장(新疆) 화전지구(和田地区) 화전시(和田市) 옥룡객십진(玉龙喀什镇) 에서 옥(玉)을 가지고 적봉으로 와서 옥기를 생산한다. 이들이 고인돌을 갖고 이주자가 들어오자 배달국을 떠나 옥기 생산지를 감숙성 돈황, 섬서성 오르도스, 산서성 진양으로 옮겨가서 조선을 건국한다. 신장 인으로서 털북숭이가 구성원에 많았을 것이다. 후대 묵돌 흉노의 거주지가 진양, 오르도스, 막북이기에 조선과 거주지가 일치한다. 즉 조선이 북방으로 가면 흉노다.

숙신 - 변발

몽골로부터 이주하여 요하강 동쪽에 거주하거나 한반도로 이주한 자들을 말한다. 이들의 머리는 변발이다.

4장

패수-진장성-한 4군-황하〈살수〉

1. 패수(浿水)

종산(琮山)-태행산(太行山)

추수(溴水)가 종산(琮山)에서 흐른다는 기록으로 종산(琮山)을 지도에서 찾아보면 북에서 남으로 추수〈망하(蟒河), Manghe River〉가 흘러 Y자 형태로 제원시에서 격하〈溴河, Juhe River〉〈패수(浿水)〉와 만나 열수〈망하(莽河), Manghe River〉로 흐르는 것을 볼 수있다.

심하(心河, Qinhe River)와 태행산(太行山)을 흐르는 단하(丹河, Danhe River)가〈초작시 심양시(沁阳市)〉에서 만나 심하(心河, Qin River)로 흐른다.

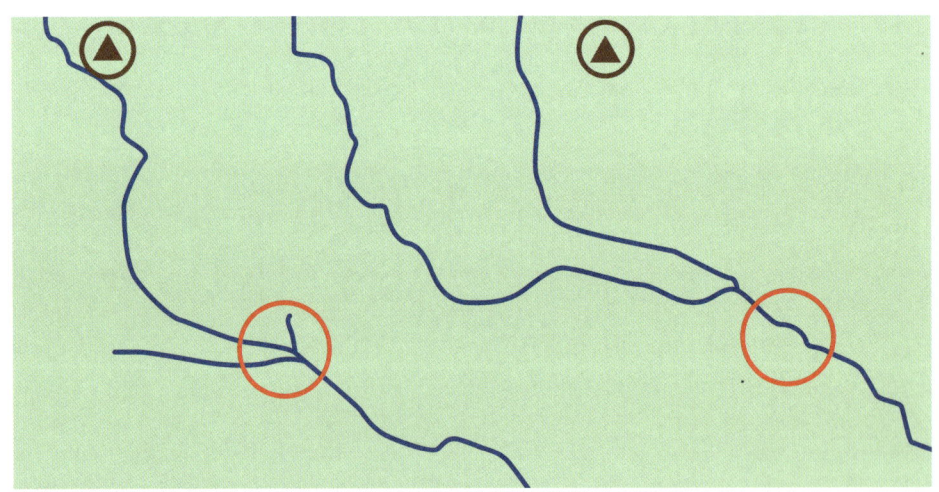

종산 – 제원시 태행산 – 심하〈초작시 심양시〉

초작시(焦作市)

〈낙랑군 패수현〉에서 패수가 동쪽으로 흘러 해(海)로 들어간다. 〈태행산, 심수, 패수, 수무, 무척〉와 〈무덕, 백향, 만선, 청화〉가 있다는 기록을 보고 지도에서 지명을 찾으니 〈하남성 초작시(焦作市)〉에 〈온현(溫县) 무덕진(武德镇)〉, 〈박애현(博爱县) 청화진(清化镇)〉, 〈심양시(沁阳市) 백향진(柏香镇)〉 모든 지명이 있다. 패수는 초작시 인근에 있는 것이다.

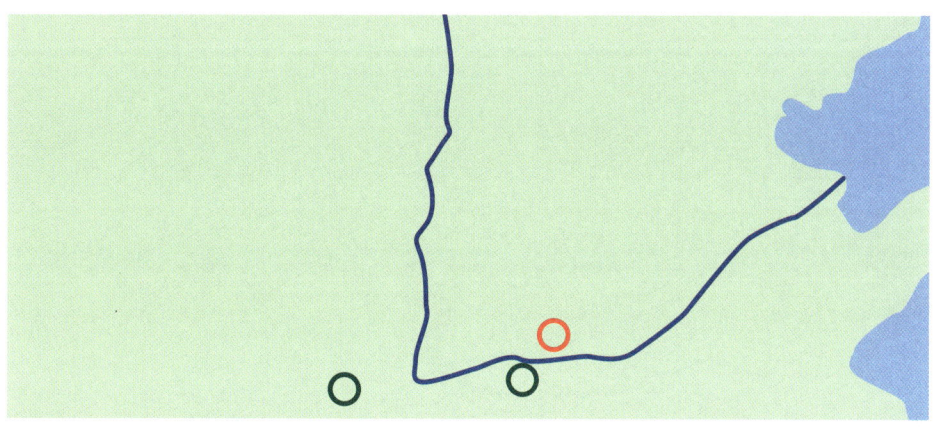

초작시   O 〈서안, 낙양〉

제원시

조선에는 습수(濕水), 산수(汕水), 열수(洌水)가 있는데 이 세 강이 합해져서 열수(洌水)가 된다고 하였다. 추수가 〈종산에서 흐르므로〉 산수이고 습수는 패수(浿水)이다. 〈하남성(河南省) 제원시(濟源市)〉를 흐른다.

추하(溴河)는 제원현(濟源縣)에 있다. 溴河在濟源縣.

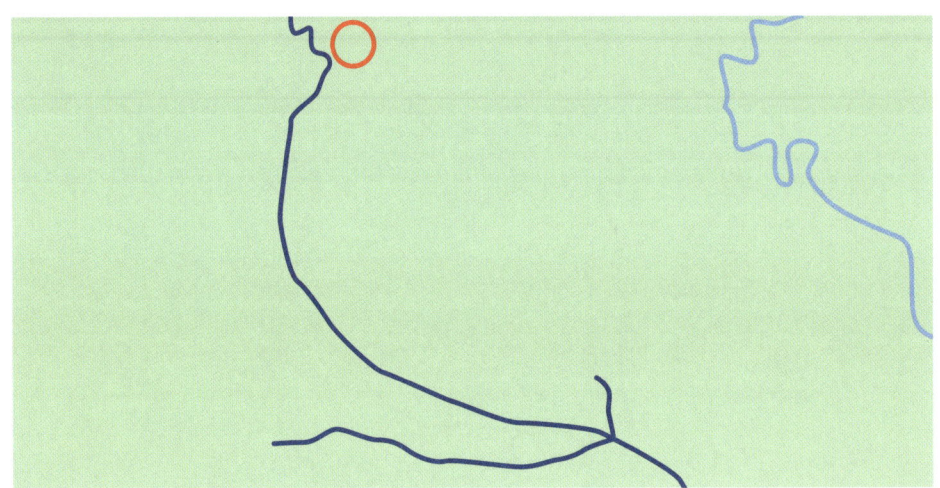

〈종산〉   패수〈습수〉 – 추수〈산수〉 – 열수

상장(上鄣)과 하장(下鄣)

추수와 패수가 제원시로 들어오면서 나란히 추수가 위(上)에서 흐르고 패수가 아래(下)에서 흐른다. 그래서 추수에 상장(上鄣)이 있고 패수에 하장(下鄣)이 있는 것이다.

2. 진(秦)장성 〈720km〉

진(秦)〈BC221년-BC206년〉은 통일 후에 《임조(定西)시 임조현(临洮县)》에서 갈석(起自臨洮, 至于碣石)까지 황하(黃河)를 방어하기 위해 진(秦)장성을 쌓는다. 〈임조에서 황하까지〉는 진나라 북쪽 국경을 따라 쌓은 것이고 남쪽 황하가 〈ㄴ〉 형태로 꺾이는 곳에서는 다시 〈황하(黃河)에서 갈석과 낙랑 수성현(遂城縣)〉까지 쌓은 것이다.

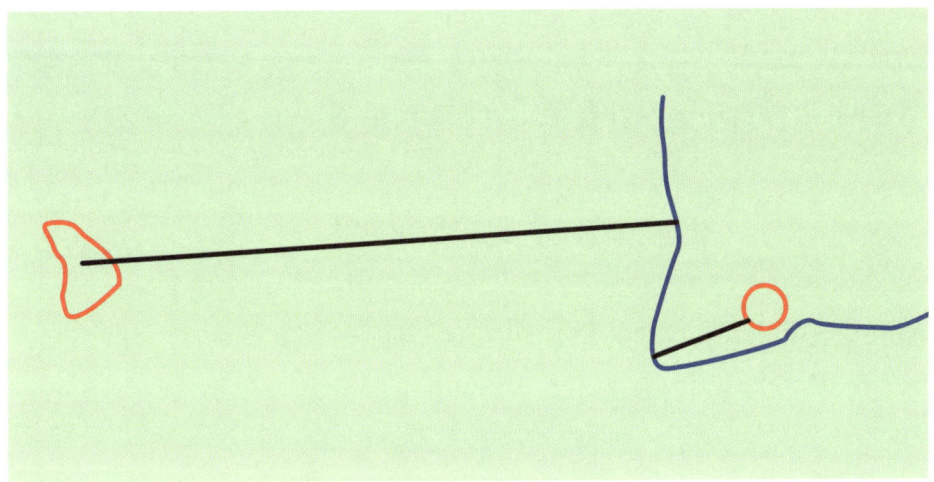

〈임조 – 황하〉〈600km〉〈황하 – 낙랑 수성현〉〈120km〉

3. 하서4군

BC111년 한(漢)무제(武帝)가 곽거병을 보내 감숙성〈돈황, 주천, 장액, 무위(武威)〉의 흉노를 몰아내고 황하(黃河)를 방어하기 위해 하서4군을 설치한다.

4. 한(漢) 4군

BC108년에 위만조선을 멸망시킨 후 한(漢) 4군〈낙랑군(樂浪郡), 진번군(眞番郡), 임둔군(臨屯郡), 현도군(玄菟郡)〉을 설치한다.

낙랑군(樂浪郡, BC107-BC36)

BC36년 비류국 왕 송양이 고구려 주몽 왕에게 나라를 바치고 항복하였다. 고구려가 다물군(多勿郡)으로 만들고 송양을 지주로 삼았다. 낙랑군의 치소는 원곡〈운성(运城)시 원곡(垣曲)현〉이다. 황하(黃河)를 사이에 두고 낙양과 마주 본다.

진번군(眞番郡, BC107-BC82)

운태산(云台山) 단단대령(單單大領) 동쪽에 진번군과 임둔군이 있다.
진번군에 조선현이 있다. 초작시(焦作시)나 신향시(新乡市)이다.

임둔군(臨屯郡, BC107-BC82)

임둔(臨屯)군의 둔(屯)은 군사가 거주하는 것을 말한다.
임(臨)나라 군사가 〈덕주시 임읍(臨邑)〉을 지키려고 주둔한 황하 언덕 지대이다. 임읍(臨邑) 인근에서 찾아야 한다.

현도군(玄菟郡, BC107-BC75)

BC107년 한무제가 현도군〈한단시(邯鄲市) 광평현(广平县)〉을 설치한 후, BC75년 현도군〈형수시 요양(饶阳)현 요양(饶阳)진〉으로 이동한다.

5. 진(秦)과 한(漢)이 생각하는 중국 영토

진(秦)나라는 화산(華山)을 기준하여 황하(黃河) 이남(以南)을 중국(中國)이라 하였다.
〈河, 黃河也. 山, 華山也. 從華山及黃河以南爲中國也〉

화동(華東)〈산동성, 상해시, 안휘성, 강소성, 강서성, 절강성, 복건성, 대만〉은 중국 땅이 아니다.

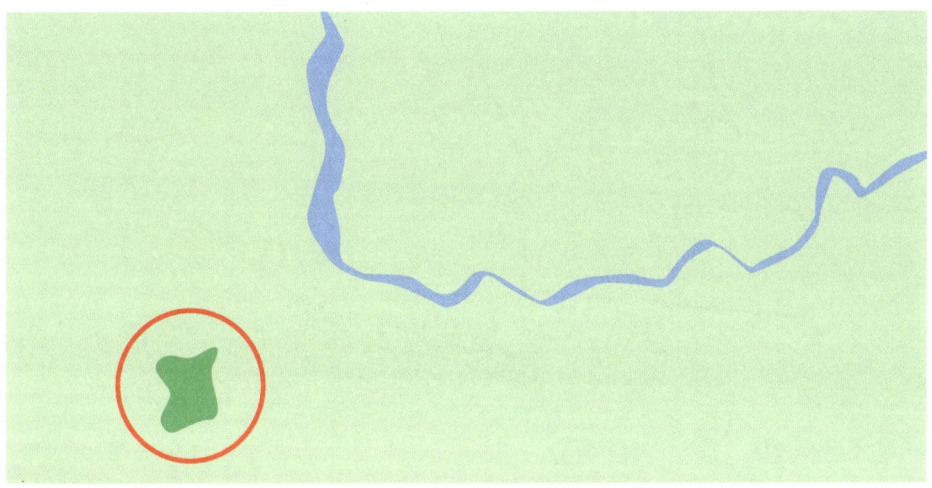

화산(華山) - 황하

6. 진(秦)나라와 한(漢)나라의 방어 개념

진나라와 한나라가 지키고자 한 것은 황하다. 황하를 따라 방어선을 구축한다.

진(秦)나라와 한(漢)나라의 방어 전략도

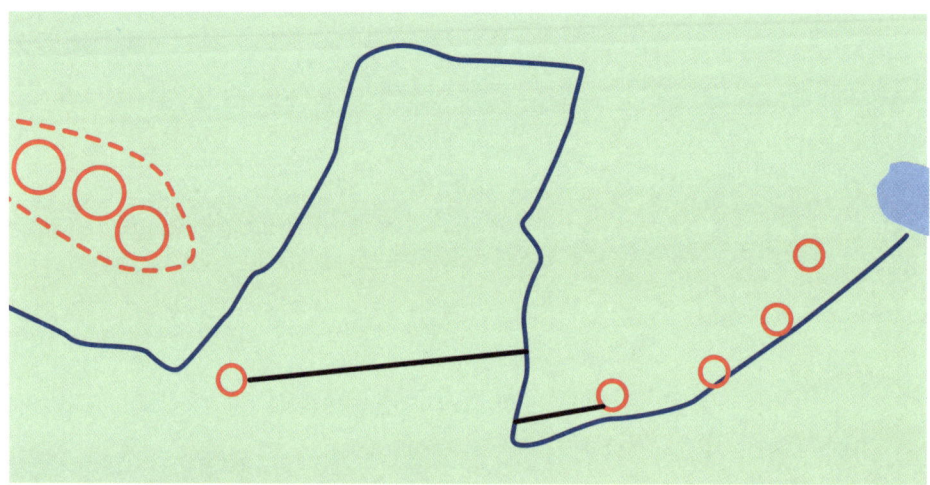

〈하서 4군〉 – 임조〈진장성〉 – 중산 – 〈한 4군〉

7. 황하〈살수〉

BC2700년-BC602년 황하가 북경 방향으로 흐른다. 천진만이 형성되기 전이다.

BC602년-AD11년 황하〈海〉가 천진만 남쪽으로 물길이 내려와 BC108년 조선-한(漢) 전쟁 시 한(漢)나라 군사가 〈부발해〉한 〈해(海)〉이다. AD11년 물길이 바뀐 후에는 대청광여도에 〈황하고도(黃河故道)〉로 나와 있고 또한 고구려-수나라 전쟁 시기에 살수(薩水)이다.

AD11년-AD893년 황하(黃河)는 고구려-수나라 전쟁 시에는 요수(遼水)로 기록된다. 현재 산동성 경계로 추정해 볼 수는 있다.

AD1947년 이후부터 흐르는 황하(黃河)가 현재 지도상 황하(黃河)다.

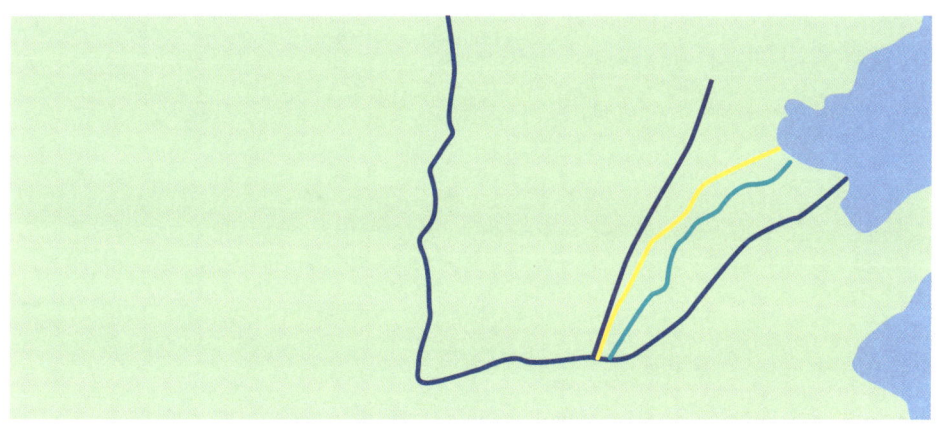

BC2700년 황하 - 해(海)〈살수〉〈황하고도(黃河古道)〉 - 요수 - 2020년 황하

5장

국가 순환

1. 오한기 유적〈요동-흥륭와-부하-조보구-홍산=소하연-하가점-상나라-요동〉 유적이 없어지면 항시 새로운 유적이 생긴다. 상나라 멸망 후 유민은 만주와 한반도로 와서 고인돌 문화를 다시 이어 간다.
2. 아메리카 대륙으로 이주하여 멕시코에 올벡 문명〈갑골문자〉을 남긴다.
   아메리카 인디언 유적에서도 〈갑골문자〉가 발견된다.
3. 서쪽으로 이동하여 바다 민족으로 히타이트를 멸망시키고 이집트를 공격한 후 이스라엘 인근에 정착한다.
4. 조선이 진개에게 2,000리를 밀린 후 흉노, 조선(왕검), 진(辰), 부여(扶餘)〈동명〉, 78개 소국으로 분국 된 후 위만에 찬탈당한 후 78개 소국이 모여서 마한, 진한, 변한을 건국한다.
5. 김일제의 투후 임명으로 하택시의 부여〈동명〉가 하북으로 이주하여 진(辰)과 한4군을 멸망시키고 동부여를 건국한다.
6. 동부여가 고구려에 밀려 북경 통주(通州)로 이주하여 북부여가 된다.
   북부여 멸망 후 한반도로 이주하여 송파, 부여〈매라성〉 김해에 정착한다.
   치치하얼시 부유현(富裕县)으로, 바이칼호수로, 볼가강으로 이동한 후 훈(hun)족이 된다. 두막루(豆莫婁)(410년?~726년)를 건국한다.
7. 고구려 멸망 후에 발해가 건국하고 발해가 두막루를 멸망시킨다. 두막루와 고구려 유민이 거란을 건국하고 거란이 발해를 멸망시킨다. 발해 유민이 몽골을 건국하고 몽골이 거란을 지배하에 두고 고구려 영토를 회복한다. 멕시코로 이주하여 부상국(扶桑國)을 건국한다. 인디언 여러 종족은 거란, 몽골, 여진 등 여러 종족이 함께 이동한 결과이다.
8. 신라 유민과 함께 카자흐스탄을 건국한다.
9. 동방 왕조는 편두이고 왕관은 까마귀의 날아가는 형상 〈+〉이다.
   편두와 까마귀가 나는 형상은 고구려와 신라에서 나타난다.
10. 발해가 두막루를 멸망시킨다.

11. 두막루 유민과 고구려 유민이 거란을 건국한다.
12. 거란이 발해를 멸망시킨다.
13. 발해 유민이 몽골로 간다.
14. 신라 유민이 여진을 건국하여 거란을 멸망시키고 금나라를 건국한다.
15. 여진에게 멸망한 거란 유민들이 북으로 이동한 후 몽골군과 같이 남하하여 금나라를 멸망시킨다.
16. 명이 몽골(원나라)을 추방한다.
17. 여진이 청나라를 세워 명을 정복하여 신라 영토를 회복한다.

이상훈　Sanghoon Lee
서울대학교 사범대학 수학교육학과 학사 졸업
hun200707@gmail.com

이완희　　Wanhee Lee
호주 NSW 상대 학사 졸업

이정원 Jenny Jungwon Lee
호주 NSW 법대 학사 졸업
AICPA TOEFLE S667

홍묘숙 Myosook Hong Lee